SIARL I

Paratowyd y llyfr hwn gan
Broject Defnyddiau ac Adnoddau
Y Swyddfa Gymreig
yn Adran Addysg
Coleg Prifysgol Cymru
Aberystwyth

CYFARWYDDWR
Yr Athro Carl Dodson

SWYDDOGION HANES
Robert M. Morris
John W. Roberts

AWDUR Y LLYFR HWN
Robert M. Morris

Cyhoeddwyd dan nawdd
Cynllun Gwerslyfrau Cyd-bwyllgor Addysg Cymru

Caerdydd
Gwasg Prifysgol Cymru
1986

Cydnabyddir cymorth ariannol
Ysgrifennydd Gwladol Cymru
tuag at gyhoeddi'r llyfr hwn.

Manylion Catalogio Cyhoeddi (CIP) y Llyfrgell Brydeinig

Morris, Robert M.
　　Siarl I a'i fyd. — (Hanes)
　　1. Prydain Fawr — Hanes — Siarl I, 1625-1649
　　I. Teitl　II. Project Defnyddiau ac
　　Adnoddau y Swyddfa Gymreig
　　III. Cyfres
　　942.06'2　　DA395

ISBN 0-7083-0952-6

Cyfieithwyd y Manylion Catalogio Cyhoeddi gan y Cyhoeddwyr.

CYDNABYDDIAETH

Dymunir diolch i'r canlynol am ganiatâd i atgynhyrchu lluniau ac am eu cymorth:

BBC Hulton Picture Library: Clawr, 3(A), 3(C), 4(CH), 10(RH), 14(F), 20(DD), 32(H), 33(LL)

Anne Mainman: 1(A), 3(B), 7(F), 8(FF), 18(C), 23(A), 23(B), 23(C), 23(CH), 24(D), 27(A), 29(C), 30(CH), 35(A)

Awdurdod Twristiaeth Prydain: 1(B), 1(C), 2(CH), 2(D), 14(FF), 14(G), 15(NG), 34(A)

The Mansell Collection Ltd: 4(NG), 11(W), 13(E), 19(CH), 19(D), 27(C), 28(CH), 28(DD), 30(D), 33(M)

Yr Amgueddfa Brydeinig: 6(A), 31(NG)

Amgueddfa Genedlaethol Cymru: 7(C), 10(TH)

Comisiwn Brenhinol Henebion yng Nghymru: 8(I), 15(H), 15(I), 16(L)

Amgueddfa Victoria ac Albert: 9(M)

Swyddfa'r Arglwydd Siambrlaen, trwy ganiatâd caredig Ei Mawrhydi'r Frenhines Elisabeth II: 12(A)

Yr Oriel Bortreadau Genedlaethol: 12(C), 21(G), 24(DD), 26(H)

Llyfrgell Genedlaethol Cymru: 16(LL), 16(M)

Y Llyfrgell Brydeinig: 17(A), 22(I)

Gwasanaeth Archifau Gwynedd: 25(F)

Llyfrgell Guildhall, Dinas Llundain: 29(A)

CYNNWYS

Y CERRIG MILLTIR PWYSICAF

1600	Geni Siarl yn fab i Iago, brenin yr Alban
1603	Marw Elisabeth I; Iago yn frenin Cymru a Lloegr hefyd
1615	George Villiers (Dug Buckingham) yn ffefryn i'r brenin
1616	Siarl yn dywysog Cymru
1618	Rhyfel yn Ewrop
1621	John Williams yn un o brif swyddogion y brenin
1625	Marw Iago I; Siarl yn frenin ac yn priodi Henrietta Maria
1626	Mansel ac eraill yn beirniadu cyrchoedd tramor Buckingham
1628	Llofruddiaeth Buckingham yn Portsmouth
1629–40	Siarl I yn rheoli heb y Senedd
1633	Laud yn Archesgob Caergaint; Strafford yn rheoli Iwerddon
1635	Siarl yn dechrau casglu trethi llongau
1637	Protest John Hampden yn erbyn trethi llongau; cosbi'r Piwritaniaid Prynne, Bastwick a Burton; John Williams yn Nhŵr Llundain
1638	Presbyteriaid yr Alban yn llunio'r Cyfamod Cenedlaethol
1639	Rhyfel Siarl yn yr Alban
1640	Ail ryfel yr Alban; Siarl yn galw'r Senedd; restio Laud a Strafford
1641	Dienyddiad Strafford; John Williams yn Archesgob Caerefrog
1642	Siarl yn ceisio restio pum Aelod Seneddol; dechrau'r Rhyfel Cartref

Ni tu'n bosibl olrhain perchennog pob llun a ffynhonnell wreiddiol yn y llyfr hwn.

Nodyn am y ffynonellau: mae rhai o'r dyfyniadau a'r ffynonellau wedi eu talfyrru ac wedi eu rhydd-gyfieithu i'r Gymraeg yn ôl y gofyn.

Dymuna'r cyhoeddwyr gydnabod cyfarwyddyd a chymorth Adran Ddylunio'r Cyngor Llyfrau Cymraeg a noddir gan Gyngor Celfyddydau Cymru.

A

Ar ymweliad â Llundain roedd Mair a Rhodri Tomos
A . Roeddynt hwy a'u rhieni wedi mynd yno ar y trên,
a chawsant ddeuddydd prysur yn ymweld â mannau
diddorol yn y ddinas. Cawsant weld yr hen a'r newydd
– Twr Llundain B , gyda'i hanes gwaedlyd, a Thŵr
Telecom C . Gwelsant gerfluniau gwêr o bobl
ddiddorol yn oriel Madame Tussaud a hefyd 'eurwe'r
sêr' yn ddarluniau byw yn y Planetarium.

C

B

Un o'r mannau olaf iddynt ei weld oedd y Senedd,
CH ar dudalen 2. Mae adeiladau'r Senedd yn sefyll ar
lan Afon Tafwys yn San Steffan, yng nghanol Llundain.
Y diwrnod hwnnw gwelwyd gorymdaith urddasol yn
llenwi'r strydoedd ar y ffordd trwy San Steffan. Mewn
cerbyd addurnedig a cheffylau hardd yn ei dynnu,
daeth y frenhines i San Steffan.

'Beth sy'n digwydd, Rhodri?' holodd Mair.
'Mynd i agor y Senedd mae hi, rwy'n meddwl,' ebe
Rhodri. Roedd Rhodri dipyn yn hŷn na Mair, ac wedi
gweld hyn o'r blaen ar y teledu.
'Agor y Senedd? Y lle mawr yna? Fedr neb fynd i
mewn heb i'r frenhines ei agor?'
'O, mae'r lle yn llawn yn barod.' Ei thad a atebodd
y tro hwn. 'Aelodau Seneddol, arglwyddi, plismyn,
pobl y wasg. Na, dim ond *seremoni* agor fydd yna
heddiw — fel actio drama o ryw fath.'
'Ond i beth, Dad?'
'Wel i ddangos i bawb fod y lle ar agor, a phawb
wrth eu gwaith yno, mae'n debyg.'
'Be' ydi gwaith y Senedd, 'te?' gofynnodd Mair eto.

Roedd cymaint o dyrfa o gwmpas y Senedd fel nad
oedd modd mynd heibio. Arhosodd y teulu wrth droed

CH

D

cerflun anferth o Buddug, hen frenhines y Brythoniaid a arweiniodd ei phobl yn erbyn y Rhufeiniaid D .

'Gwaith y Senedd?' meddai Dad, 'Wel, nhw sy'n gwneud y deddfau — y rheolau — i gadw trefn arnom ni i gyd, mae'n debyg!'

'Pa fath o ddeddfau?' Roedd Mair am gael gwybod y cyfan.

'O, dwn i ddim — pob math: bod yn rhaid cael trwydded i yrru car, i atal pobl rhag dwyn.'

'Ac i'ch gorfodi chithau i fynd i'r ysgol,' torrodd eu mam ar ei draws.

'Oes 'na ddeddf i wneud hynny?' holodd Rhodri'n syn.

'Oes siŵr, mae'n rhaid i'ch mam a minnau wneud yn siŵr eich bod chi'ch dau yn mynd i'r ysgol yn rheolaidd,' ebe Dad eto.

'Ydy'r frenhines yn dweud hynny?' Crychodd Mair ei thalcen wrth ryfeddu at y fath beth.

'Na, nid y frenhines ei hun; yr Aelodau Seneddol sy'n penderfynu hyn, a hithau wedyn yn torri'i henw ar y ddeddf i wneud y peth yn swyddogol.'

'Doedd pethau ddim felly pan oedd Buddug yn frenhines,' meddai Rhodri, gan edrych ar y cerflun enfawr. Roedd yn cofio clywed yn yr ysgol amdani yn arwain ei milwyr i ryfel.

'Nac oedd', cytunodd ei fam. 'Doedd yna ddim Senedd o gwbl bryd hynny. Mae'n siŵr fod gan

Buddug gyngor o ddynion doethaf y llwyth i ddweud eu barn wrthi hi, ond Buddug oedd yn penderfynu.'

'Fe welwyd sawl tro ar fyd ers hynny,' meddai'r tad.

'Pa bryd y newidiodd pethau?' holodd Rhodri.

'Yn oes brenin go helbulus ei fyd' atebodd ei fam. 'Siarl I . . .'

Yn y llyfr hwn fe edrychwn ar y cyfnod pan oedd Siarl I yn frenin, rhwng 1625 a dechrau'r Rhyfel Cartref ym 1642. Cewch weld dogfennau a lluniau o'r cyfnod, a bydd cyfle i ystyried barn pobl oedd yn byw ar y pryd. Efallai, wedyn, y medrwch farnu dau beth pwysig: sut frenin oedd Siarl I, a phaham y digwyddodd y Rhyfel Cartref ym 1642.

---

2. BRENIN A'I BOBL

TEULU STUART

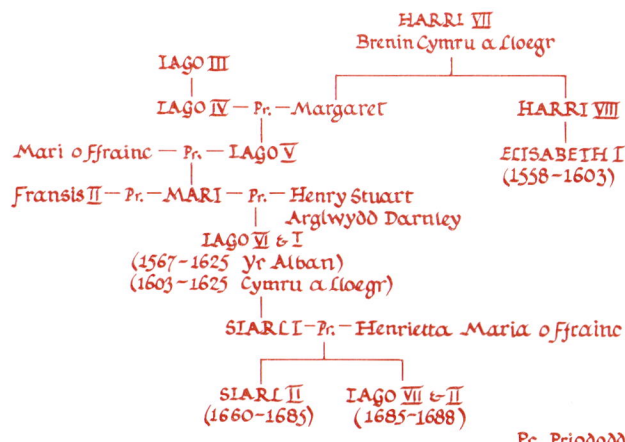

B Brenhinoedd yr Alban.

A Iago VI ac I: brenin yr Alban o 1567 hyd 1625, a brenin Cymru a Lloegr o 1603-25.

Ganed Siarl I yn nhref Dunfermline, yn yr Alban, ym 1600. Ef oedd ail fab Iago VI, brenin yr Alban **A** . Edrychwch ar yr achres **B** . Fe welwch ynddi pwy oedd perthnasau Siarl.

1. Roedd cysylltiad clos rhwng teulu brenhinol yr Alban a dwy deyrnas arall — pa rai oedd y rheini?

Ym 1603 bu farw Elisabeth I, brenhines Cymru a Lloegr. Nid oedd ganddi blant, ac oherwydd y briodas rhwng ei modryb Margaret ac Iago IV, brenin yr Alban, y teulu brenhinol hwnnw oedd ei theulu agosaf. Ei holynydd felly oedd Iago VI (yr Alban) a ddaeth wedyn yn Iago I Cymru a Lloegr.

2. Pam, dybiwch chi, y cymerodd Iago rif gwahanol?

Roedd gan Iago ddau fab — Harri, a fu farw'n 18 oed ym 1612, **C** a Siarl **CH** . Plentyn gwantan iawn oedd Siarl. Yn wir, roedd mor eiddil fel na fentrai'r teulu ei gludo i Lundain gyda hwy pan ddaeth Iago i'w

C Harri, tywysog Cymru — mab hynaf Iago I. Bu farw yn 18 oed — o'r teiffoid mae'n debyg.

orsedd newydd ym 1603. Arhosodd Siarl yn yr Alban hyd haf 1604. Mae dyfyniadau **D** ac **DD** ar dudalen 4 yn crynhoi tipyn o hanes plentyndod Siarl a'i broblemau.

3

CH Siarl yn blentyn.

D 1604 (yn yr Alban):

Er ei fod eto yn wan o gorff, mae'n dechrau siarad ychydig. Mae'n well o lawer o ran ei feddwl nag yw o ran ei gorff a'i draed.

(Beth amser wedyn)

Mae [Siarl] bellach yn cerdded llawn hyd y siambr fawr yn Dunfermline sawl gwaith y dydd ar ei ben ei hun, fel milwr eofn . . .

(Iarll Fyvie, gwarchodwr Siarl hyd 1604)

DD 1604 (Lloegr — ar ôl i Siarl ymuno â'i deulu):

Ni fedrai [Siarl] gerdded na phrin sefyll heb gymorth, roedd ei gymalau mor wan . . . Roedd y brenin eisiau torri'r llinyn o dan ei dafod, oblegid roedd mor araf yn dechrau siarad fel yr ofnai na fyddai'n siarad byth. Yna, roedd eisiau ei roi mewn esgidiau o haearn i gryfhau ei gyhyrau a'i gymalau, ond protestiodd fy ngwraig gymaint yn erbyn hyn i gyd fel y cafodd ei ffordd, a bu'n rhaid i'r brenin ildio. Bu fy ngwraig yn gofalu amdano [Siarl] er pan oedd yn bedair oed nes oedd bron yn un ar ddeg, a thrwy'r amser cynyddodd mewn nerth.

(Atgofion Syr Robert Carey, gwarchodwr Siarl yn Lloegr)

3. Yn ôl dyfyniadau **D** ac **DD** , sut blentyndod a gafodd Siarl?

Trwy ofal caredig a'i benderfyniad ef ei hun, tyfodd Siarl yn athletwr da ac yn farchog cyflym a diarbed.

Eto, roedd yn swil iawn trwy gydol ei oes, ac roedd nam ar ei leferydd a'i gwnaeth yn brin iawn ei eiriau. Dyma bedwar dyfyniad, dau gyfoes a dau fodern, ynglŷn â Siarl I a'i gymeriad: **E** — **G**

E Mae naill ai'n ddyn eithriadol, neu'n brin iawn ei ddawn. Os yw'n cadw mor ddistaw dim ond rhag digio'i dad, yna mae'n graff iawn. Ond os yw'n dawedog o ran natur, rhaid inni farnu fel arall . . .

(Le Comte de Brienne, **diplomat** o Ffrainc, 1624)

F Roedd yn llawn haeddu cael ei alw'n ddyn gonest: carai gyfiawnder gymaint fel na chymerai ei hudo fyth i wneud gweithred anghyfiawn onibai i'r peth gael ei gamliwio er mwyn ei dwyllo ac iddo gredu ei fod yn gyfiawn . . . Roedd yn ddewr iawn o ran ei berson, ond nid yn anturus. Roedd ganddo ddealltwriaeth graff, ond nid oedd yn ddigon hunan-hyderus — rhywbeth a wnâi iddo newid ei farn am un waeth yn aml, a dilyn cyngor pobl na fedrent farnu cystal ag ef ei hun . . .

(Edward Hyde, Iarll Clarendon, tua 1670)

FF Roedd y brenin bychan, cysetlyd hwn yn bennaeth addas iawn ar ei lys trefnus. Roedd yn swil wrth natur, roedd wedi ei neilltuo'n fwy gan y nam ar ei leferydd a wnâi iddo osgoi pob cyfarfod ond rhai ffurfiol, onibai gyda'i anwyliaid . . . Roedd yn gyson yn ei ymddygiad, yn ddygn yn ei atgasedd at y rhai a gasâi, yn cadw'n gadarn iawn at ei farn a'i gyfeillion ei hun, hyd yn oed pan brofai'r farn yn anghywir a'r ffrindiau yn anwadal . . .

(C. V. Wedgwood, *The King's Peace*, 1637–41, 1955)

NG Siarl I yn llanc, pan oedd yn dywysog Cymru.

G Gŵr swil a thawedog oedd Siarl pan ddaeth yn ddyn, teip mewnblyg, a dyn a gâi anhawster mawr i weld pethau o safbwyntiau eraill. Roedd ei eiriau a'i weithredoedd yn hynod o annoeth ar sawl achlysur. Roedd yn ansicr ohono'i hun ac ymdrechai'n ddygn i guddio'i ddiffyg hyder dan fwgwd o urddas ac awdurdod brenhinol.

(D. R. Watson, *The Life and Times of Charles I*, 1972)

4. Ystyriwch ddisgrifiadau **E** — **G** . Ydych chi'n meddwl bod y ddau ddyfyniad olaf, gan haneswyr modern, yn cytuno'n deg ag un o'r ddau arall gan wŷr a oedd wedi cyfarfod â Siarl?

Y GORON A'I GRYM

Roedd Iago I wedi datblygu syniadau pendant iawn ynglŷn â'r modd y dylai brenin wneud ei waith. Cawsai ieuenctid digon caled yn yr Alban, ymysg nifer o arglwyddi afreolus a fynnai ddylanwadu arno. Er hynny, erbyn 1600 gwnaethai ei hun yn feistr corn ar y wlad, a dyna sut y dymunai i bethau fod yng Nghymru a Lloegr hefyd. Dyma beth a ddywedodd Iago, y tro cyntaf y cyfarfu â'r Senedd yn Llundain ym 1604: **H**

H Brenhiniaeth yw'r peth goruchaf ar y ddaear . . . y mae Duw ei hun yn eu galw'n dduwiau . . . Fel ag y mae'n gabledd i herio'r hyn y gall Duw ei wneud, felly y mae'n frad i ddeiliaid herio'r hyn a wnaiff y brenin ym mawredd ei rym. Ni fodlonaf finnau i'm grym gael ei herio.

(Iago I, 1604)

Ceisiodd Siarl I ymddwyn yn ôl y syniadau hyn. Roedd yn fwy ystyfnig na'i dad, ond yn llai cyfrwys wrth drin pobl. Roedd llawer o bobl yn y Senedd yr un mor ystyfnig ynglŷn â'u rhyddid i farnu ar faterion pwysig y wlad. Dyma a ddywedodd Peter Wentworth, Aelod Seneddol a garcharwyd gan Elisabeth I am hawlio rhyddid barn i Seneddwyr: **I**

I Hyfryd yw enw rhyddid, ond mae'r peth ei hunan yn werthfawr y tu hwnt i bris unrhyw drysor . . . Y mae'n beryglus o beth mewn brenin i wrthwynebu neu sefyll yn erbyn y bendefigaeth a'r bobl.

(Peter Wentworth, 1586)

O leiaf medrai Elisabeth, wrth annerch y Seneddwyr ym 1601, hawlio ei bod 'wedi teyrnasu yn serch eich calonnau'. Yn anffodus, nid oedd Iago a Siarl Stuart yn hidio fawr ddim am serch y bobl gyffredin. Ni chynhaliodd Siarl orymdaith trwy Lundain adeg ei goroni — testun siomiant mawr i filoedd o'r tlodion yn y ddinas.

Fe welwn yn y penodau nesaf pwy oedd y bobl hynny a fynnai 'ryddid' i'r Senedd, a sut y tyfodd y rhwyg rhyngddynt a Siarl I.

5. A dybiwch chi fod a wnelo cymeriad Siarl I rywbeth â'r gwrthdaro cynyddol rhyngddo a'r Senedd?

BETH OEDD Y SENEDD?

A

CWESTIWN	TŶ'R ARGLWYDDI	TŶ'R CYFFREDIN
1. Sawl aelod oedd yna ym 1625?	123	507 Lloegr — 481 Cymru — 26
2. Pwy oedd yr aelodau?	Pob dug, iarll ac arglwydd, a phob esgob.	Dau sgweier cefnog o bob sir a dau berson o bwys o bob tref (un o bob un o siroedd Cymru).
3. Sut y cawsant eu dewis?	Roeddynt yn perthyn oherwydd eu teitlau neu am eu bod yn esgobion.	Eu hethol gan yr ychydig bobl mewn gwlad a thref oedd â phleidlais.
4. Am ba hyd?	Am oes; esgobion tra parhaent yn eu swyddi.	Am ba hyd bynnag y parhâi'r Senedd: byddai etholiad newydd bob tro y gelwid y Senedd.

B

Fe ddywedodd tad Rhodri a Mair ar dudalen 2 mai 'llunio deddfau' neu reolau oedd gwaith y Senedd. Mae llun A yn dangos aelodau Tŷ'r Cyffredin yn cyfarfod yn oes Siarl I. Roedd dau 'Dŷ' yn y Senedd, Tŷ'r Arglwyddi a Thŷ'r Cyffredin: y ddau yn cyfarfod ar wahân ond yn trafod yr un pethau. Mae tabl B yn rhestru nifer o gwestiynau eraill y gallai Mair a Rhodri eu gofyn, ac yn cynnig atebion.

1. Beth, dybiwch chi, y mae'r ddau ddyn sy'n eistedd wrth y bwrdd yn llun A yn ei wneud?

PWY OEDD Y SENEDDWYR?

Mae darlun C yn dangos un a fu'n Aelod Seneddol dros un o siroedd Cymru. Syr John Wynn oedd ei enw, a phlas Gwydir, ger Llanrwst yng Ngwynedd, oedd ei gartref. Nid yn unig y bu Syr John ei hunan yn Aelod Seneddol, ond bu gan ei deulu ddylanwad mawr trwy ogledd Cymru am genedlaethau.

Roedd ei deulu, neu ei **linach**, yn hen a phwysig iawn. Meddai amdanynt: CH

Vera effigies Clariss Dom Iohannis Wynn de Gwedur in Com Carnarvon Equitis et Baronetti ...
Obijt primo die Martij 1626. Ætat: 73.

C

CH Dyna fendith ydy o, yn y byd hwn, a chysur mawr i'r galon, i ddyn ganfod ei fod o linach dda.

(Syr John Wynn)

Ond nid oedd lle'r uchelwyr yn hawddfyd i gyd pan oedd John yn ieuanc. Cofiai i'w daid ddweud y stori hon wrtho: **D**

D Euthum i Ysbyty Ifan, gan dybio cael lle i droi ymysg y gwŷr caeth yno, oblegid byddai'n well gennyf ymladd yn erbyn herwyr a lladron nag yn erbyn fy ngwaed a'm tylwyth fy hun. Oblegid pe byddwn yn trigo yn fy nhŷ fy hun yn Eifionydd, byddai'n rhaid imi naill ai ladd fy mherthnasau neu gael fy lladd ganddynt hwy.

(Syr John Wynn)

Buasai Syr John yn Aelod Seneddol dros sir Gaernarfon ond erbyn 1620 roedd yn hen, a dymunai i'w fab, Syr Richard, gael ei ddewis yn olynydd iddo. Roedd sgweier o Lŷn, John Griffith, yn ymgeisydd yn ei erbyn. Disgrifiodd hanesydd Cymreig modern, A.H. Dodd, y busnes o ethol Aelod Seneddol yn yr unfed ganrif ar bymtheg a'r ail ganrif ar bymtheg: **DD**

DD Yn Oes y Tuduriaid prin y byddai gornest o gwbl. Byddai'r sgweieriaid a oedd yn barod i wasanaethu wedi llythyru â'i gilydd ymlaen llaw i benderfynu p'run ohonynt a ddylai gael ei ethol . . . Dim ond pan fyddai rhyw gyfyng-gyngor mawr neu ffrae rhwng y teuluoedd . . . y byddai etholiad yn angenrheidiol. Yna byddai'r siryf yn galw am 'leisiau'r **rhydd-ddeiliaid**; bloedd fawr fyddai'r ateb, a gwaith y siryf oedd barnu pa enw a gawsai ei floeddio uchaf. Pe methai'r bloeddio, byddai'n rhaid i'r rhydd-ddeiliaid ddweud eu 'pleidlais' ar goedd fesul un . . .

Ar yr un pryd ag y galwai'r siryf etholwyr y sir, byddai'n anfon gorchymyn i'r meiri neu'r beiliaid yn y trefi, a galwai'r rheini yr etholwyr, trwy ganu cloch neu drwy alwad bersonol. Ar awr neilltuol [deuent oll ynghyd] . . . i'r dref sirol, Caernarfon, ac yno cynhelid yr etholiad gan y maer yn yr un modd ag y llywyddai'r siryf etholiad y sir — a chyda'r un cyfle i dwyllo.

(A. H. Dodd, *A History of Caernarvonshire*)

Mae tablau **E** ac **F** yn dangos y bobl ddylanwadol oedd yn helpu'r naill ochr a'r llall yng ngornest 1620, oddi fewn a thu allan i'r sir:

Syr Richard Wynn, Gwydir	John Griffith, Cefnamwlch
Syr Richard Bulkeley, Baron Hill	Syr William Glynne, Glynllifon
Syr William Thomas, Caernarfon	John Bodwrdda, Bodwrdda
Lewis Bayly, Esgob Bangor	Robert Madryn, Madryn
William Vaughan, Llwyndyrus	
Robert Wynne, Bodysgallen	
Syr William Jones, Castellmarch	(a llu o ffermwyr bychain, annibynnol eraill o Lŷn)
Syr William Maurice, Clenennau	

E Y prif gefnogwyr a thir ganddynt yn y sir.

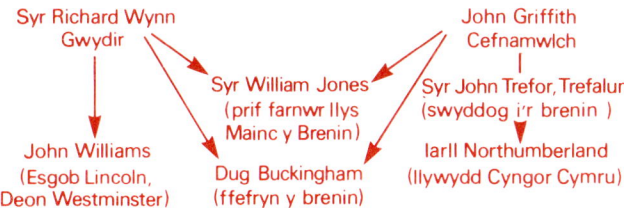

F Pobl bwysig oddi allan i'r sir y ceisiai'r ddau gael eu cefnogaeth.

Astudiwch fap **FF** ar dudalen 8 cyn darllen dyfyniadau **G** – **H** ac **LL** .

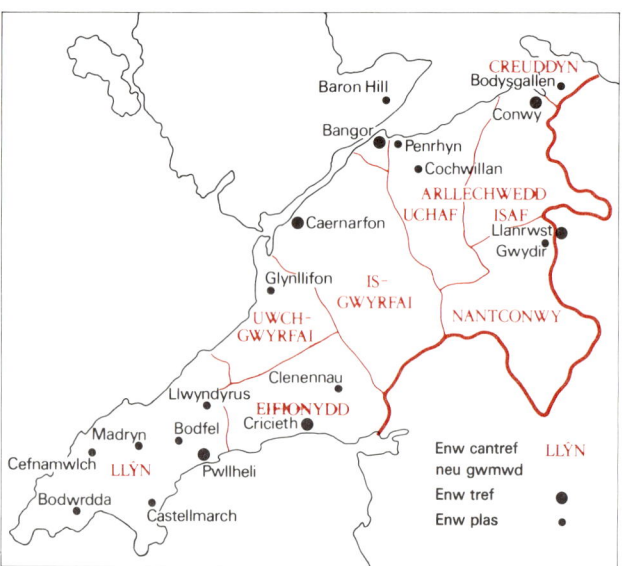

FF Sir Gaernarfon ar adeg etholiad 1620.

Mae'r llythyrau canlynol (**G** − **H** , **L** ac **LL**) a ysgrifennwyd rhwng teulu a chefnogwyr Gwydir yn dangos sut beth oedd etholiadau ym 1620.

G Llanbedr, 11 Tachwedd 1620.

Syr John Wynn,

. . . Mae arglwydd esgob Bangor wedi annog ei blwyfolion oll a'u tenantiaid, ar ôl y bregeth ar ddydd Sul, i godi eu lleisiau o blaid Syr Richard, a chanmolodd y teulu i'r entrychion, yn ei ddull bostfawr . . .

(Owen Wynn — ei fab)

NG Caernarfon, 24 Tachwedd 1620.

Syr John Wynn,

. . . Mae dros 350 o rydd-ddeiliaid yn nhri **chwmwd** Llŷn o'n hochr ni, 120 yn Uwch-Gwyrfai, yn Eifionydd 70, yn Is-Gwyrfai a threfi Caernarfon a Bangor 140; yn Arllechwedd Uchaf 40. Ynglŷn ag [Arllechwedd] Isaf, Nantconwy a'r Creuddyn, fe wyddoch chi eich hunan yn well na fi sawl rhydd-ddeiliad sydd yno. A chyfrif o'r Creuddyn i Bontnewydd, os bydd tenantiaid Syr Richard Bulkeley gyda ni, bydd gennym tua 300 o ddynion. Mae nifer ein gwrthwynebwyr yno dros 300. Rwy'n credu eu bod yn creu rhydd-ddeiliaid newydd, oblegid aeth clerc o Gaernarfon i'w gyflogi ganddynt yn Llŷn i'r perwyl hwnnw [h.y., gwneud tystysgrifau rhydd-ddaliad]. Fe lynaf fi wrthych chi yn nannedd pob gwrthwynebiad . . .

(Syr William Thomas)

H Caernarfon, 10 Rhagfyr 1620.

Syr John Wynn,

. . . Hoffwn ichi alw Robert Wynne o Fodysgallen i Gaernarfon, yn ogystal â mab William Wynne o Lanfair a'u cyfeillion oll yn Arllechwedd Isaf, y Creuddyn, Nantconwy a thref Conwy ar gyfer yr etholiad. Mae eich gelynion yn benderfynol o ddwyn gwarth arnoch chi a Syr John Bodfel. Rhaid ichi beidio ag arbed yr arian i gael y siryf o'ch plaid, oblegid arian a'i caiff ichi . . .

(Syr William Thomas)

I Plas Cefnamwlch yn Llŷn, cartref John Griffith.

Cymaint oedd y tynnu o'r naill gyfeiriad a'r llall, fel yr ysgrifennodd George Williams at Syr William Maurice o Glenennau, cyfaill i'r ddau deulu: **L**

L Rwy'n erfyn arnoch i ganiatáu i'ch ffrindiau fwrw'u pleidleisiau dros John Griffith, gan eich bod chi eisoes wedi pleidleisio i Syr Richard.

(George Williams)

Yn y diwedd, John Griffith a enillodd yr etholiad. Wynebai teulu Wynn broblem arall wedyn, fel y dengys dyfyniad **LL** :

LL Gwydir, 24 Rhagfyr 1620.

Syr Richard Wynn,

Mae arnaf ofn y caiff Syr William Thomas a Syr John Bodfel eu hanfon i'r Tŵr [Tŵr Llundain] am wrthod rhoi arfau i'r sawl a wrthodai ein cefnogi yn yr etholiadau adeg y **mwstwr** yn Uwch-Gwyrfai. Caiff yr arglwydd esgob [Bangor] hefyd ei alw i drefn yn y Senedd am fygwth ei denantiaid er mwyn cael eu pleidleisiau . . .

(Syr John Wynn)

2. A ydych chi o'r farn fod etholiadau yn cael eu trefnu a'u cynnal yn deg yn yr ail ganrif ar bymtheg? Rhestrwch y pethau annheg, yn eich barn chi, a ddisgrifir yn y llythyrau.

CYFFRO YN SAN STEFFAN

Mae darlun M yn dangos adeiladau Plas San Steffan ar lan Afon Tafwys yn Llundain, fel ag yr oeddynt yn oes Siarl I. Adeilad y Senedd oedd hwnnw ar y chwith. Yma y deuai'r pum cant o aelodau, gyda'r arglwyddi a'r esgobion, i roi eu cwynion gerbron y brenin ac i drafod penderfyniadau y brenin a'i lywodraeth.

hyn yn atgas gan lu o bobl, a mynnodd y Senedd holi Syr William Jones, Castellmarch, un o'r barnwyr a fu'n cosbi'r rhai a brotestiai yn erbyn y 'benthyciad'. Dyma ateb Syr William: P

P . . . nid wyf am gynyddu grym y brenin, na lleihau rhyddid y deiliaid er perygl i na brenin na phobl, dyma fy mhroffes gerbron Duw a chithau . . .

(Syr William Jones)

Mewn llawer i achos, credai'r rhai a weithiai dros y brenin eu bod yn helpu'r bobl dlawd yn erbyn

M

Ers dechrau'r ail ganrif ar bymtheg buasai llawer o Aelodau Seneddol yn bryderus fod y brenin yn ceisio cynyddu ei rym ar draul y Senedd. N

N Gall hawliau tywysogion dyfu'n rhwydd bob dydd, tra bo breintiau'r bobl gan amlaf yn aros byth a hefyd yn eu hunfan . . .

(Antonia Fraser, *King James VI and I*)

Roedd y Senedd yn amheus o'r barnwyr yn llysoedd y brenin, rhai a ddefnyddiai'r gyfraith i gryfhau grym y brenin ac i gosbi'i elynion. Yn wir, mewn rhai achosion bu swyddogion y brenin yn cosbi pobl ac yn cipio eiddo heb achos llys o gwbl. Dyma gŵyn o ddeiseb y Seneddwyr i'r brenin ym 1628: O

O . . . yn groes i ysbryd y ddeddf . . . carcharwyd nifer o'ch deiliaid yn ddiweddar heb brofi unrhyw achos . . . ond eu bod wedi eu restio ar orchymyn arbennig gan Eich Mawrhydi, wedi'i arwyddo gan arglwyddi'ch Cyfrin-Gyngor . . .

(*Y Ddeiseb Hawliau*, 1628)

Ar un achlysur gorfododd y brenin i'r bobl dalu 'benthyciad' iddo ar gyfer gwaith y llywodraeth. Roedd

sgweieriaid gormesol a fynnai gribinio arian a chamdrin tenantiaid. Dyma farn aelodau Cyngor y brenin: PH

PH . . . mor barod y byddai Cymru i ddisgyn yn ôl i'w hen anhrefn, fe ŵyr pawb sy'n gyfarwydd â thlodi eithafol y bobl gyffredin, gormes ofnadwy y sgweieriaid, mor ddiwerth y byddai presenoldeb dau ustus sy'n dwrneiod yn Llundain, medrai'r sgweieriaid fynd atynt gyda'u ceisiadau . . . Dyma wirionedd sicr: Po fwyaf y mae'r sgweieriaid yn casáu presenoldeb llys barn, po fwyaf llesol i'r brenin a'r bobl gyffredin, y naill fel y llall, fydd mynnu ei awdurdod.

(Papurau Cyngor Cymru)

R . . . y Senedd sy'n fwyaf cymwys i benderfynu cyfraniadau pawb [at y dreth], trwy gymharu'r . . . [angen] gyda maint eiddo dynion, ac am fod [y Senedd] yn gymwys i bennu treth dros rai o bob gradd, a hynny trwy bob rhan o'r deyrnas a ddaw ynghyd yno . . .

(Araith Oliver St John, twrnai John Hampden, Tachwedd 1637)

3. O ddarllen dyfyniadau PH ac R ar dudalen 9, pam, yn eich tyb chi, roedd boneddwyr yn rhoi'r fath bwys ar ethol Aelod Seneddol, ac ar gadw pŵer y Senedd?

4. Dychmygwch eich bod yn llysgennad gwlad dramor yn Llundain. Ceisiwch grynhoi'r dadleuon o blaid y brenin a'r Senedd yn eu tro, er mwyn i'ch llywodraeth gartref ddeall beth sy'n digwydd.

BUCKINGHAM A'R BRENIN

RH Dug Buckingham. Portread gan Rubens.

Cafodd George Villiers, Dug Buckingham, yrfa ryfeddol. Gwelodd y Brenin Iago I ef ym 1614, a chyn hir roedd y brenin yn gofyn ei gyngor ym mhopeth. Gwnaed Buckingham yn farchog ym 1615, yn iarll ym 1617, yn ardalydd ym 1619 ac yn ddug ym 1623. Dywedodd Iarll Clarendon hyn amdano, flynyddoedd yn ddiweddarach: S

S Yn wir roedd y dug yn berson eithriadol iawn. Yn fy marn i nid esgynnodd neb erioed i'r fath anrhydedd, bri a chyfoeth mewn amser mor fyr — a hynny heb unrhyw fantais nac arbenigrwydd heblaw am ei berson hardd, gosgeiddig a dymunol.

(Iarll Clarendon, tua 1670)

Daeth Siarl I yn gyfaill mawr i Buckingham hefyd, ac aeth y ddau ar siwrnai i Sbaen ym 1623 i geisio ennill tywysoges yno yn wraig i Siarl. Ymysg y bobl a aeth gyda hwy roedd Syr Richard Wynn, Gwydir. Methiant fu'r cais, ac ym 1625 priododd Siarl â thywysoges o Ffrainc.

Roedd Buckingham yn amhoblogaidd oherwydd y modd y cyfoethogai ei hunan a'i deulu, y modd y rheolai bopeth trwy ei ddylanwad ar y brenin, ac am ei fod hefyd yn aneffeithiol. Meddai ymadrodd poblogaidd ar y pryd: T

T Pwy sy'n ben ar y wlad? Y brenin. Pwy sy'n ben ar y brenin? Y dug. Pwy sy'n ben ar y dug? Y Diafol. Boed i'r dug gymryd gofal.

Cyn i Siarl ddod yn frenin roedd y Senedd wedi mynnu rhyfel yn erbyn Sbaen. Roedd rhyfel yn rhemp trwy Ewrop y pryd hwnnw, a'r gwrthdaro rhwng Pabydd a Phrotestant oedd prif achos y gynnen. Gwnaeth Buckingham gyrchoedd milwrol yn erbyn porthladd Cadiz, yn Sbaen, ac i geisio achub cymuned Brotestannaidd yn La Rochelle, yn Ffrainc. Methiant fu'r ddau gyrch, a threfniadau gwael Buckingham oedd yn rhannol gyfrifol am hynny. Bu beirniadu ffyrnig arno yn y Senedd.

TH Syr Robert Mansel.

Un o'r rhai a fuasai'n helpu Buckingham i drefnu cyrch Cadiz oedd Syr Robert Mansel TH , perthynas i deulu pwysig Mansel o Abaty Margam, Morgannwg. Roedd yn aelod o Gyngor Rhyfel y brenin, ac yn is-bennaeth y llynges. Beiai'r Senedd ym 1625 am beidio â rhoi digon o arian i wneud cyrch effeithiol, ond erbyn 1626 roedd wedi chwerwi yn erbyn ei bennaeth, Buckingham. Meddai wrth y Senedd: U

U F'unig uchelgais yw cael fy nghyfrif yn ddyn pwyllog . . . Dylai unrhyw rai oedd â rhan yn yr arbrawf peryglus o roi benthyg llongau a dynion masnachwyr Lloegr i wasanaethu gwlad dramor heb eu caniatâd ddioddef cosb a fyddai'n esiampl. Roedd yr arglwydd-lyngesydd [Buckingham] ar fai o'r dechrau i'r diwedd trwy beidio ag atal na chynghori yn erbyn hyn. Dylai fod wedi marw yng ngharchar yn hytrach na rhoi ei ganiatâd.

(Syr Robert Mansel)

W

Yr hyn a ddigiodd Mansel oedd i longau Lloegr gael eu rhoi at wasanaeth Ffrainc, gwlad Babyddol, tra bo'r Senedd yn selog o blaid y Protestaniaid yn y rhyfel yn Ewrop.

Ym 1628, ar drothwy cyrch arall, cafodd Buckingham ei lofruddio ym mhorthladd Portsmouth, gan gyn-swyddog yn y llynges o'r enw John Felton. Crogwyd Felton yn Tyburn, Llundain, yn ddiweddarach, ond llawenydd oedd ymateb llawer o bobl i farwolaeth Buckingham.

Ar ôl hynny bu Siarl yn llywodraethu ar ei ben ei hun. Cewch weld sut y bu pethau rhwng Siarl a'r Senedd ar ôl 1628 ym mhenodau 7 a 9.

Mae W yn ddarlun o'r bedwaredd ganrif ar bymtheg o'r hyn a dybiai'r arlunydd oedd yr olygfa pan lofruddiwyd Buckingham yng nghyntedd ei dŷ yn Portsmouth, ar 27 Awst 1628.

5. A gredwch chi fod arlunydd W yn gyfarwydd â phortread Rubens RH ? Paham?

6. Pam y cefnodd Syr Robert Mansel ar Ddug Buckingham ym 1626?

7. Yn ôl y dystiolaeth a roddir yn y bennod hon, pa wahaniaethau pwysig sydd rhwng etholiadau heddiw a rhai'r ail ganrif ar bymtheg?

8. Ceisiwch ddarganfod rhai manylion am etholiadau ac Aelodau Seneddol yn eich sir chi yn ystod oes Siarl I.

A

Edrychwch ar ddarlun $\boxed{\text{A}}$, sy'n dangos Siarl I a'i wraig yng nghwmni rhai o aelodau'r llys.

1. Beth sy'n digwydd yn y llun? Pam, tybed, y mae pawb ond y brenin a'r frenhines yn sefyll?

   Dyma farn un hanesydd modern am lys Siarl I: $\boxed{\text{B}}$

$\boxed{\text{B}}$ Roedd ffurfioldeb y llys ar bob achlysur swyddogol yn gul ac eithafol. Ar y brenin [Siarl I] yn unig o blith tywysogion Ewrop y gweinid gan benlinio, a phan gwynodd llysgennad Ffrainc nad oedd na chadair na stôl ar gyfer ei wraig, dywedwyd na châi'r un ferch . . . heblaw am y frenhines ei hunan, eistedd ym mhresenoldeb y brenin ar achlysur swyddogol.

(C. V. Wedgwood, *The King's Peace*)

BRENHINES IEUANC — HENRIETTA MARIA

Roedd Siarl wedi cytuno ym 1624 i fargen a wnaed rhwng ei dad a brenin Ffrainc. Ar ôl iddo ddod yn frenin ym 1625 gwireddwyd y fargen. Priododd Siarl â chwaer i frenin Ffrainc — merch o'r enw Henrietta Maria $\boxed{\text{C}}$. Bu'n rhaid i Siarl gytuno i geisio helpu Pabyddion yn ei deyrnas, fel un o amodau'r briodas. Bu cryn feirniadu arno o'r herwydd. Roedd drwgdeimlad yn erbyn Pabyddion yn ferw yn Lloegr: $\boxed{\text{CH}}$

C Henrietta Maria.

CH Priododd â Phabyddes, boneddiges Ffrengig, o ysbryd ffroenuchel . . .

Felly y daeth y llys yn gyforiog o Babyddion, a throes llawer a obeithiai ddod yn eu blaenau at y grefydd honno. Cafodd holl Babyddion y deyrnas eu ffafrio, a thrwy esiampl y brenin, priodasant â'r teuluoedd gorau . . .

(Lucy Hutchinson, *Memoirs of the Life of Colonel Hutchinson*)

Ond mynnai Siarl na fyddai'r Pabyddion yn cael manteision: **D**

D Pe byddai Duw yn gweld yn dda i roddi boneddiges o Babydd imi'n wraig, ni châi ryddid i addoli ond i'w theulu ei hun; a dim mantais i Babyddion Lloegr.

(Siarl I, cyn iddo briodi â Henrietta Maria)

2. Beth, ynglŷn â'i wraig newydd, a barai'r sôn mwyaf yn llys Siarl?

BYWYD A DIWYLLIANT Y LLYS

Un o'r pethau y caiff Siarl I ei ganmol fwyaf yn ei gylch heddiw yw'r ffaith fod cymaint o le i gelfyddyd yn ei lys — darluniau, cerfluniau ac addurniadau hardd. Dyma a ddywedwyd amdano mewn llyfr modern: **DD**

DD Un peth a'i gwnâi'n wahanol i'w dadau a'i ddisgynyddion oedd ei gariad gwirioneddol at gelfyddyd, a pheintio yn arbennig. Casglai luniau, nid o ran sioe, ond o wir chwaeth a gwybodaeth. Crynhôdd gasgliad gwych o waith arlunwyr mawr yr oes — canfasau herfeiddiol gan yr arlunwyr enwog, Rubens, Titian, Raphael. Gymaint oedd ei gariad at ei luniau fel y peintiwyd copïau bychain ohonynt iddo eu cludo ar ei deithiau.

(Amabel Williams-Ellis a William Stobbs, *17th Century England*)

Mae darlun **E** yn dangos Siarl yn stiwdio'r arlunydd Van Dyck. Llun cymharol ddiweddar yw hwn, a dychmygol yw llawer o'r olygfa. Eto fe welwch oddi wrth y llun hwn a'r lluniau eraill yn yr uned hon fod yr arlunydd wedi trafferthu i sicrhau bod manion gwisg ac ati yn debyg i'r cyfnod hwnnw.

3. O edrych ar lun **E** , lluniau pwy sy'n cael eu peintio, dybiwch chi?

4. Edrychwch ar y llun ar y mur yn narlun **NG** ar dudalen 15. A oes rhyw gysylltiad rhyngddo a llun **E** ?

INIGO JONES — PEN Y PENSEIRI

Ganed Inigo Jones ym mhlwyf St Bartholomew yn Smithfield, Llundain, ym 1573, yn fab i grefftwr brethyn o Gymru. Daeth Inigo yn arlunydd a chynlluniwr medrus. Aeth i'r Eidal a dysgodd ddulliau a chynlluniau cain y wlad honno, cyn dychwelyd i Lundain. Daeth yn Syrfewr Cyffredinol i Iago I ac wedyn i Siarl, gyda chyfrifoldeb dros holl adeiladau'r Goron. Cynlluniodd nifer o adeiladau ei hunan, rhai i'r brenin a rhai i gwsmeriaid cyfoethog. Ymhlith yr adeiladau a gynlluniodd roedd Palas Greenwich, i wraig Iago I, a phlasty newydd Wilton i'r teulu Cymreig, Herbert. Er mai yn Wiltshire y mae Wilton, roedd gwreiddiau'r teulu yn ddwfn yng Nghymru. Roedd y teitl 'Iarll Penfro' yn perthyn i'r teulu, ac roedd ganddynt ystadau eang yn ne a chanolbarth Cymru. Mae lluniau **F** , **FF** , **G** ac **NG** ar dudalennau 14 a 15 yn dangos Inigo Jones yn hen ŵr a pheth o'i waith cynllunio ac adeiladu.

E

Inigo Jones. Portread gan Van Dyck.

Mae llun G yn dangos yr wyneb newydd a adeiladwyd ym mhlasty Wilton tua 1636–40, ar sail cynlluniau o waith Inigo Jones.

FF Palas Greenwich.

Mae llun NG yn dangos aelwyd addurnedig fawr yn un o ystafelloedd Plasty Wilton. Dywedir ei bod hi yn union fel y cynlluniodd Inigo Jones hi. A wnaethoch chi sylwi ar y darlun uwchben y pentan?

5. Sut leoedd, dybiwch chi, oedd plasau Greenwich a Wilton i fyw ynddynt?

6. Ceisiwch ddarganfod ym mha rannau o Gymru roedd ystadau teulu Herbert.

G

DIWYLLIANT OES SIARL YNG NGHYMRU

Roedd hanner cyntaf yr ail ganrif ar bymtheg yn gyfnod creadigol iawn yn niwylliant Cymru. Roedd sir Feirionnydd yn fwrlwm o waith llenyddol trwy'r cyfnod hwn. Mae llun H yn dangos Plas Hengwrt, ger Dolgellau. Yma roedd cartref Robert Vaughan, sgweier bonheddig a grynhôdd gasgliad gwych o lyfrau. Yn eu mysg roedd rhai o hen **lawysgrifau** barddoniaeth y canrifoedd cynt. Y rhain oedd yr unig gopïau, mewn rhai achosion, o hen, hen gerddi Cymraeg. Bu Robert Vaughan fyw o 1592 hyd 1666. Ym 1859 daeth ei gasgliad yn eiddo i deulu Wynne, Peniarth (rhwng Tywyn a'r Bermo). Ym 1905 prynwyd y casgliad gan Syr John Williams o Lansteffan, Dyfed a daeth yn gnewyllyn i'r Llyfrgell Genedlaethol pan sefydlwyd honno yn Aberystwyth ym 1907.

Cafodd nifer o lyfrau crefyddol eu cyhoeddi, yn eu plith *Llyfr Homilïau* gan yr offeiriad Edward James o Forgannwg a *Llyfr y Resolusion* gan Dr John Davies o Fallwyd, ym Meirion. Talwyd am gyhoeddi fersiwn rad o'r Beibl — *Y Beibl Bach* — ym 1630 gan Syr Rowland

H Plas Hengwrt

Heylin a Syr Thomas Myddleton. Gwŷr busnes cefnog yn Llundain oedd y ddau — Heylin yn frodor o Drefaldwyn a Myddleton o Sir Ddinbych. Sgweier o Feirion oedd Rowland Vaughan, a'i gartref yng Nghaer-gai, I ger Llanuwchllyn. Gwnaeth gyfieithiad poblogaidd iawn, *Yr Ymarfer o Dduwioldeb*, o lyfr gan Lewis Bayly, esgob Bangor. Roedd Rowland yn fardd hefyd, a rhoddwyd pennill o'i waith ar fur ei dŷ ym 1645 L , ar dudalen 15.

I Golwg gyffredinol ar Gaer-gai.

15

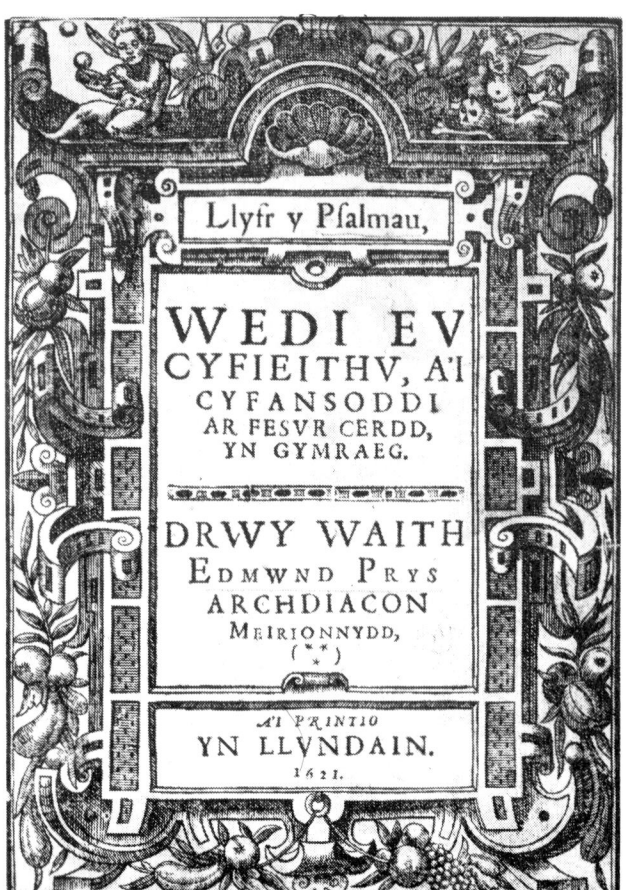

L Golwg agos ar y pennill uwchben y drws.

LL

Anodd darllen y pennill ar y garreg. Mae ychydig yn wahanol i'r hyn a welwch yn y fersiwn brintiedig isod.

> Rho glod i bawb yn ddibrin
> A châr dy frawd cyffredin:
> Ofna Dduw, can's hyn sydd dda,
> Ac anrhydedda'r Brenin.

Archddiacon Meirionnydd oedd Edmwnd Prys (1544–1623), a rhoddodd ef nifer fawr o'r Salmau ar ffurf penillion. Mae llun LL yn dangos wynebddalen *Llyfr y Salmau* Edmwnd Prys ac yn llun M fe welwch dudalen o'r gyfrol.

M

7. Ceisiwch wneud copi o Salm 121, y Salm gyntaf yn llun.

8. Cymherwch fersiwn Edmwnd Prys â'r Salm wreiddiol yn y Beibl.

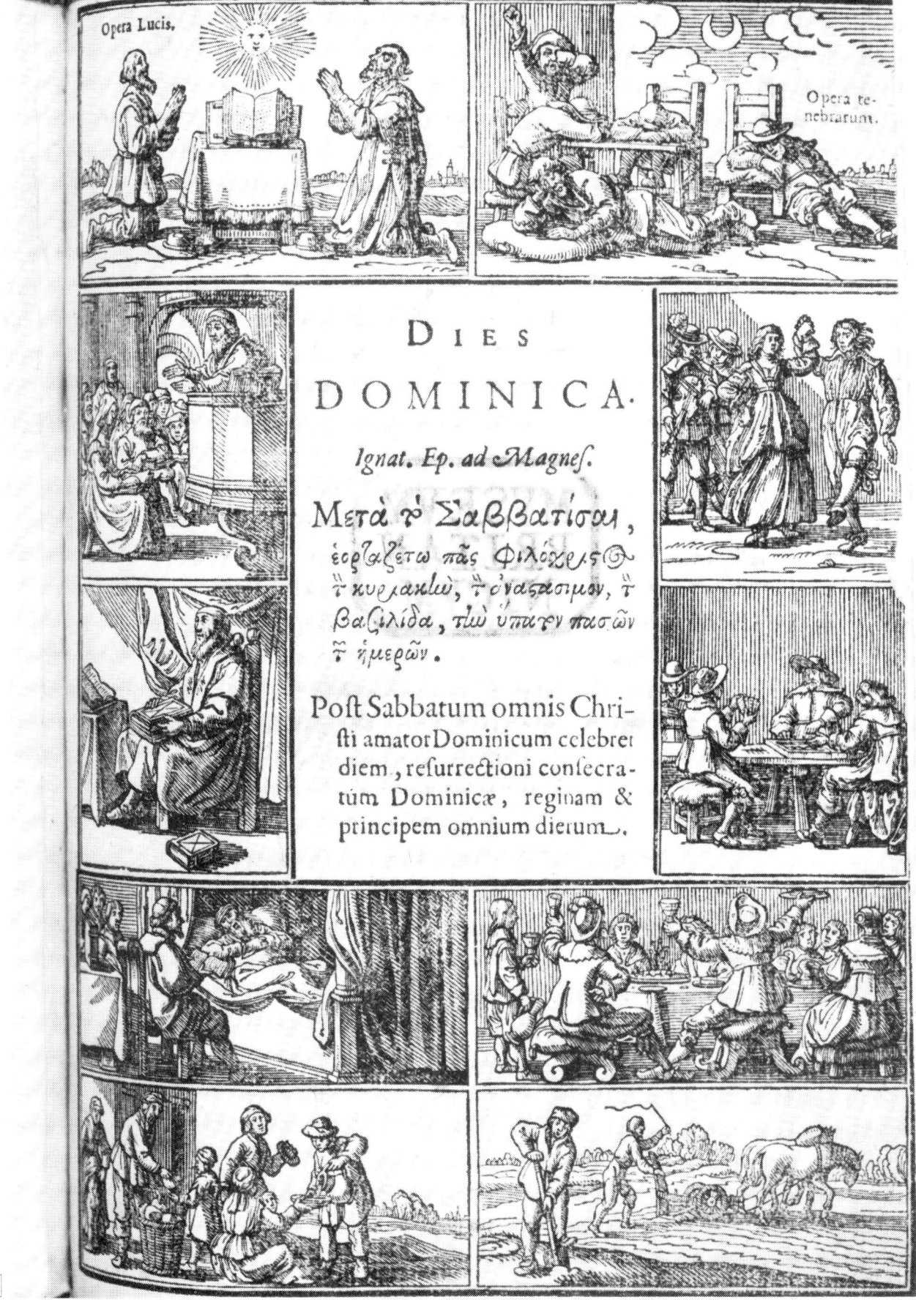

Roedd crefydd yn bwysig iawn ym mywydau pobl yn yr ail ganrif ar bymtheg. Byddai llawer o anghytuno ynglŷn â syniadau pobl am Dduw, ac ynglŷn â'r modd mwyaf addas i addoli Duw.

Heddiw mae rhyddid i bobl yng ngwledydd Prydain fynd i ba gapel neu eglwys a fynnant, a mwynhau gwasanaethau crefyddol yn ôl eu syniadau eu hunain. Ond yn yr ail ganrif ar bymtheg roedd y syniad o oddef gwahanol syniadau crefyddol yn ddieithr ac yn ddiflas i'r rhan fwyaf o bobl. Credai bron bawb mai dim ond un ffordd iawn oedd o addoli Duw, a bod rhywbeth o'i le ar bobl a fynnai addoli'n wahanol.

Roedd digon o wahaniaeth barn i'w gael ynglŷn â chrefydd ac roedd pob grŵp neu **sect** yn ceisio pardduo'r lleill am y gorau. Roedd ar y rhan fwyaf o'r grwpiau eisiau gorfodi pawb i gytuno â'u ffordd hwy o addoli. Ni fedrent adael llonydd i'r sawl a gredai'n wahanol wneud fel y mynnai. Gwendid fyddai hynny yn eu golwg.

Mae darlun $\boxed{A}$ ar dudalen 17 yn dangos gwahanol ffyrdd o gadw'r Sul yn yr ail ganrif ar bymtheg. Mae rhai yn dangos dull gwael, ym marn yr arlunydd, o gadw'r Sul, a'r lleill ddull da.

1. Beth sy'n digwydd ym mhob un o'r lluniau?

2. Pa rai, yn eich barn chi, y mae'r arlunydd yn eu ffafrio?

Dyma eiriau un o ddynion pwysig yr ail ganrif ar bymtheg ynglŷn â'r sefyllfa grefyddol: $\boxed{B}$

$\boxed{B}$ Onid oes ar ysbryd dynion ryw ysfa ryfedd? Ni wna dim eu bodloni oni allant roi bys ar gydwybod eu brodyr a'u pinsio yno . . .

(Oliver Cromwell, 1655)

Y GRWPIAU CREFYDDOL

Yng Nghymru a Lloegr y pryd hwnnw roedd tri grŵp pwysig o grefyddwyr. Mae tabl $\boxed{C}$ yn dangos y gwahaniaethau rhyngddynt. Un ffaith bwysig i'w chofio wrth astudio'r tabl yw mai dwy adain o'r un Eglwys, sef Eglwys Loegr, oedd 1 a 2, yr Uchel-eglwyswyr a'r Piwritaniaid. Roedd y naill yn cystadlu yn erbyn y llall i gael gafael ar awenau'r Eglwys. Roedd Eglwys Rufain — yr Eglwys Babyddol — yn gwbl ar wahân, fel y mae tabl $\boxed{C}$ yn dangos:

3. Rhestrwch bwyntiau tebyg y tri grŵp yn nhabl $\boxed{C}$ a'r gwahaniaethau rhyngddynt.

4. Bernwch pa ddau o'r tri grŵp oedd debycaf i'w gilydd ar y cyfan.

	UCHEL-EGLWYSWYR	PIWRITAN-IAID	PAB-YDDION
PENNAETH	Y brenin	Y brenin*	Y Pab
TREFN	Esgobion yn rheoli ac offeiriaid odditanynt	Pwyllgor o'r aelodau yn rheoli'r eglwysi plwyf	Esgobion yn rheoli
OFFEIRIAID	Offeiriaid ag addysg coleg, gwŷr priod	Gweinidogion priod amser-llawn a phregethwyr o blith y bobl	Offeiriaid di-briod
GWASAN-AETHAU	Gwasanaeth ffurfiol o'r Llyfr Gweddi Gyffredin	Cyrddau gweddi syml a llawer o bregethu	Gwasan-aethau ffurfiol, hen iawn eu trefn yr offeren yn bwysicaf
EGLWYSI	Adeiladau hardd addurnedig, gyda cherddoriaeth eglwysig; allor yn nwyrain yr eglwys	Eglwysi neu gapeli moel, gwyngalchog heb ganu o gwbl yn aml, bwrdd cymun plaen yng nghanol llawr yr eglwys	Eglwysi hardd addurnedig, gyda'r allor yn ganol-bwynt; cerddoriaeth
IAITH	Cymraeg neu Saesneg	Cymraeg neu Saesneg	Lladin
GWISG			

* Roedd rhai Piwritaniaid eithafol yn anfodlon fod gan y brenin awdurdod dros yr Eglwys o gwbl.

$\boxed{C}$ Yr hyn y dymunai crefyddwyr ei weld.

Mae cartwnau $\boxed{CH}$ a $\boxed{D}$ yn dweud rhywbeth am y sefyllfa grefyddol yn oes Siarl I.

5. Edrychwch arnynt a darllenwch y geiriau sydd arnynt ac o'u cwmpas. Yna bernwch beth yw neges y cartwnydd ymhob un.

The Orthodox true Minister,   the Seducer and false Prophet.

CH

Matth. 1 5. 1 3. *Every plant which mine heavenly Father hath not planted should be rooted up.*

Lo, here are three men, standing in degree,
The least of these, the greatest ought to be.

Of God,   Of Man,   Of the Divell.

The other two, of men and of the Devill.
Ought to be rooted out for ere as evill.

D

Yn yr ail ganrif ar bymtheg roedd cyfreithiau llym yn ei gwneud yn drosedd i gynnal gwasanaethau Pabyddol, ac felly caent eu cynnal yn gyfrinachol mewn tai preifat. Yn aml trigai'r offeiriad yn gyfrinachol gyda theulu o Babyddion bonheddig. Cuddiodd teulu Puw, Plas Penrhyn, Creuddyn, ger Llandudno heddiw, tua dwsin o offeiriaid Pabyddol mewn ogof yng nghreigiau'r Penrhyn yn oes Elisabeth I. Bu teulu Somerset, o Raglan yng Ngwent (perthnasau i deulu Herbert, Wilton), yn rhoi lloches i offeiriaid Pabyddol hyd nes y cwympodd y castell i filwyr y Senedd yn y Rhyfel Cartref ym 1646.

DAU EGLWYSWR AMLWG

Fe edrychwn ar y rhwyg oddi fewn i Eglwys Loegr trwy fanylu ar ddau eglwyswr amlwg. Roedd un ohonynt yn gymedrol ei farn, ond câi ei gyhuddo'n aml o ffafrio'r Piwritaniaid. Roedd y llall yn uchel-eglwyswr. Bu'r ddau yn bwysig iawn yn yr Eglwys, ac yng ngwasanaeth y brenin yn eu tro.

1. John Williams (1582–1650)

Cymro o Gonwy oedd John Williams, ond roedd yn perthyn i deulu cefnog Penrhyn a Chochwillan, ger Bangor (gweler map FF , tudalen 8). Mae cartŵn cyfoes DD yn portreadu John Williams.

6. Beth mae'r cartwnydd yn ei awgrymu amdano trwy ddangos y felin wynt a'r creadur rhyfedd ar y papur yn ei law?

7. Fyddech chi'n barnu bod y cartwnydd yn bleidiol i John Williams?

Cafodd John ei addysg yn Ysgol Ramadeg Rhuthun a Choleg Sant Ioan, Caergrawnt.

Prynodd ystadau Penrhyn a Chochwillan iddo'i hun ar ôl i'r hen deulu fynd i drafferthion ariannol tua 1620.

Mae dyfyniad E o'i gofiant yn dangos sut y daeth John Williams yn ŵr o bwys a dylanwad: E

E Mae'r rhan fwyaf o lanciau ieuanc Cymru, pan ddeuant o'u gwlad gyntaf, yn ddigon i beri i unrhyw ddyn chwerthin oherwydd acen eu gwlad a'u tueddi i ynganu'r Saesneg fel petaent mewn tymer wyllt. Felly y bu yn hanes ein glaslanc ninnau, rhywbeth a barai iddo wrido wedi hynny. Dywedai'r rhai a'i hadnabu pan ddaeth [i Gaergrawnt] gyntaf ei fod wedi cyrraedd gyda gwell Lladin a Groeg na Saesneg; a da o beth oedd hynny, oblegid fe wnaeth hynny iddo gadw'n fwyfwy iddo'i hunan, oherwydd ei benderfyniad i gadw rhag cwmni . . . hyd nes y byddai wedi llyfnhau ei leferydd a'i feistrolaeth o'r iaith fel y myfyrwyr eraill.

DD

. . . fe orchfygodd ei ddiffyg cenedlaethol, a phryd bynnag y gelwid arno i siarad yn gyhoeddus roedd ei ystum a'i ynganiad mor gelfydd â'i syniadau, a rhoddai ei arddull sglein a disgleirdeb i'r hyn a ddywedai . . .

. . . yn [eglwys] y Santes Fair yng Nghaergrawnt, lle roedd ganddo gynulleidfa ddysgedig , dangosodd y pregethwr hwn ei ddawn fawr ym 1610 wrth draethu ar Luc 16^{22}, a thua wyth mis ar ôl iddo gael ei ddyrchafu i blith y pregethwyr gorau fe alwyd arno i bregethu gerbron y Brenin Iago a'r Tywysog Harri yn Royston, lle y gwnaeth gystal fel y cafodd glod mawr gan Ei Fawrhydi; a dyna'r tywysog, heb fodloni ar eiriau teg heb wobr, a chan ei ystyried ef yn destun clod i Gymru, yn ei sicrhau y byddai'n cofio amdano; ond bu farw y tywysog yn ieuanc . . . a rhoes y tad y dyrchafiad [i John Williams] roedd y mab wedi ei fwriadu . . .

(Ambrose Phillips, *The Life of Archbishop Williams* , 1700)

8. Wedi darllen dyfyniad E , beth fyddech chi'n ei ddweud oedd barn llawer o Saeson yr oes honno am y Cymry?

9. Beth, yn ôl Ambrose Phillips, oedd y ddawn a wnaeth Williams yn llwyddiannus?

10. Pa ddigwyddiad ffodus a roes hwb mawr i'w yrfa?

11. A dybiwch chi fod Ambrose Phillips yn adnabod John Williams yn dda yn bersonol?

Cafodd John Williams swyddi pwysig. Bu'n offeiriad ar nifer o blwyfi, yn esgob Lincoln, yn archesgob Caerefrog ac yn ddeon San Steffan. Gwnaeth Iago I ef yn Arglwydd Geidwad y Sêl Frenhinol — cyfuniad o farnwr a gweinyddwr pwysig yn y llywodraeth. Yn wir, ystyriai rhai pobl John Williams fel mwy o wleidydd na chlerigwr. Gwelai'r gwleidydd ynddo beryglon syniadau crefyddol eithafol — y chwerwedd a'r gwrthdaro y gallent eu creu. Eto i gyd, ef a berswadiodd Iago I i benodi un o'r uchel-eglwyswyr mwyaf penboeth, William Laud, yn esgob Tyddewi.

Ceisiodd John Williams rwystro'r gwrthdaro rhwng y ddwy garfan rhag tarfu ar ei esgobaeth ef yn Lincoln. Ceisiodd un o'i ficeriaid yn Grantham symud bwrdd y cymun i ben dwyreiniol yr eglwys, lle credai'r uchel-eglwyswyr y dylai fod. Gwrthwynebodd rhai o'i blwyfolion, a bu gornest dynnu afreolus rhwng cefnogwyr y naill a'r llall, a'r bwrdd cymun yn rhaff rhyngddynt. Ysgrifennodd John Williams at yr offeiriad: **F**

F Pa un bynnag ohonoch, y chi neu eich plwyfolion, a fydd yn ildio i'r llall yn y gwrthdaro dianghenraid hwn, a fydd y mwyaf doeth, difrifol a dysgedig o'r ddwy blaid yn fy marn i: a phan fyddoch wedi cael mwy o brofiad yn gofalu am eneidiau, fe welwch nad oes unrhyw seremoni yn gyfwerth â chariad Cristnogol.

(John Williams)

Tua 1637 cyhoeddodd Williams ei safbwynt cymedrol ynglŷn â phwysigrwydd seremonïau yn yr Eglwys mewn llyfr heb enw awdur arno, *The Holy Table — Name and Thing*. Deallodd ei elynion yn yr Eglwys ar unwaith mai Williams oedd wrth gefn y llyfr ac ymhen byr amser roedd yn garcharor yn Nhŵr Llundain, lle y bu hyd 1640. Fe'i carcharwyd eto ym 1641–2, fel y gwelwch wrth ddarllen y geiriau ar waelod llun **DD** .

2. William Laud (1573–1645)

Roedd Laud yn frodor o Reading ac addysgwyd ef ym Mhrifysgol Rhydychen. Ordeiniwyd ef yn offeiriad ym 1601. Er ei fod yn weinyddwr medrus, roedd Iago I yn ei gasáu oherwydd ei bwyslais ar seremonïau ac ar bwysigrwydd yr esgobion. Meddai'r brenin amdano, pan welodd fod ei gyfaill Buckingham yn ffafrio Laud: **FF**

FF Mae ganddo ysbryd aflonydd, ac nid yw'n medru gweld pan fo pethau'n dda, ond mae'n hoffi troi a

throsi a dod â phethau'n un berw o newid yn ei feddwl ei hun.

(Iago I)

G Yr Archesgob Laud.

Yn y diwedd, ar ôl i John Williams bwyso arno er mwyn plesio Buckingham, gwnaeth Iago Laud yn esgob Tyddewi. 'Cymerwch ef atoch,' meddai'r hen frenin cyfrwys, 'ond ar f'enaid fe fydd yn edifar gennych.'

Bu Laud yn Nhyddewi o 1621 hyd 1626. Rhoes lestri cymun hardd a drud i'r gadeirlan, ond roedd ei fryd ar swydd bwysicach. Ym 1626 daeth yn esgob Bath a Wells, esgobaeth gyfoethog iawn.

Mor fuan â 1621, roedd y mân-sôn hwn yn llythyrau Wynniaid Gwydir: **NG**

NG Mae esgob Llundain yn wael, heb obaith gwella; y sôn yw mai deon San Steffan [John Williams] fydd ei olynydd . . .

(William Wynn)

Ni chafodd John Williams y swydd y tro hwnnw, a phan fu galw am benodi esgob eto ym 1628, roedd dan wg Siarl a Buckingham. Penodwyd Laud yn esgob Llundain, ac ym 1633 daeth yn archesgob Caergaint — y swydd uchaf yn Eglwys Loegr.

12. Beth, yn eich barn chi, roedd hyn yn ei ddangos ynglŷn â barn Siarl I am uchel-eglwyswyr?

Daeth Laud yn nodedig am ei gosbi llym ar bawb a wrthwynebai ei bolisi eglwysig. Roedd John Williams yn atgas ganddo a gwnaeth ei orau i'w ddal yn ei rwyd. Cyhoeddi *The Holy Table — Name and Thing* oedd ei gyfle, a chafodd Williams ddirwy drom a'i fwrw i'r carchar. Gwnaeth Laud ei orau i atal pob trafodaeth rydd ynglŷn â materion eglwysig, fel yr esboniodd ym 1629: H

H Rwyf wedi gwneud fy ngorau yn fy ymdrechion i atal y bobl rhag trafod y materion dyrys hyn [trefn gwasanaethau'r Eglwys], rhag ofn inni bechu yn erbyn crefydd a chariad gan ffugio gofal dros y gwir. Rwyf bob amser wedi cynghori cymedroldeb, rhag i bobl afreolus, heb unrhyw gariad go iawn tuag at grefydd, droi'r byd yn ben-ben . . .

(Yr Esgob Laud ym 1629)

atgasedd Laud ei hunan at y Piwritaniaid. Dyma ddisgrifiad cyfoes o gosb y tri: L

L Pan ddaeth y dienyddiwr dywedodd Mr Prynne wrtho, 'Dewch gyfaill, dewch i'm llosgi i, fy nhorri i, does arna i ddim ofn. Rwyf wedi dysgu ofni tanau uffern — ond nid yr hyn y gall dynion ei wneud imi.'

Gwnaeth y dienyddiwr gwaedlyd ei waith â chreulondeb rhyfeddol, yn poethi ei haearn i losgi un boch, a thorri ymaith un o'i glustiau mor agos i'r bôn fel y torrodd ymaith ddarn o'i foch.

Ni symudodd Mr Prynne ei gorff na newid ei wedd, ond dywedodd, 'Po fwyaf y caf fy nharo i lawr, po fwyaf y codir fi i fyny'.

(Pamffledyn cyfoes)

I Craffwch yn ofalus ar y cartŵn hwn.

13. Beth sy'n digwydd yng nghartŵn I ?

14. Pa gysylltiad sydd rhyngddo a dyfyniadau FF ac L ?

Ym 1637 cyhoeddwyd pamffled yn beirniadu'r rhyddid a gâi'r Pabyddion yn llys y Frenhines Henrietta Maria. Piwritaniaid oedd yr awduron — William Prynne, John Bastwick a Henry Burton. Roedd llawer o bobl yn cyfrif y gosb lem a gawsant yn arwydd o

Dyn gwydn a di-ildio oedd William Prynne. Ar ôl ei gosb cafodd ei anfon i Gastell Caernarfon i'w garcharu. Yno, aeth ati i ddysgu Cymraeg gyda chymorth copi o'r Beibl Cymraeg.

15. Ym mha ffordd, yn eich tyb chi, roedd y sefyllfa grefyddol yn oes Siarl I wedi gwaethygu neu wella'r gwrthdaro rhwng y brenin a'r Senedd?

6. SIARL HEB SENEDD

ARIAN Y BRENIN

Bob tro y byddai'r Senedd yn cyfarfod rhwng 1625 a 1629, byddai'r aelodau yn mynnu ceisio cyfyngu ar bŵerau Siarl. Byddent yn gwrthod rhoi'r hawl i'r brenin godi trethi oni newidiai ei ddull o reoli. Gwnâi hyn Siarl yn amharod i alw'r Senedd ond pan fyddai'n rhaid. Ym 1628 gorfododd y Seneddwyr Siarl i gytuno â'r *Ddeiseb Hawliau* — rhestr faith o gwynion y bu'n rhaid i Siarl eu derbyn. Ym 1629 caeodd Siarl y Senedd, ac ar ôl hynny bu'n rheoli'r deyrnas heb Senedd hyd 1640 — am un mlynedd ar ddeg. Ond beth am arian i gynnal y llywodraeth? Defnyddiodd Siarl a'i swyddogion nifer o ddulliau amhoblogaidd iawn i gael arian, ac fe ddengys cartwnau A – D rai o'r pwysicaf ohonynt:

A Codi tollau ar fewnforio nwyddau, (e.e. gwin) neu allforio cynnyrch, (e.e. gwlân).

B Codi trethi ar drefi'r arfordir i dalu am longau i'r llynges.

C Dirwyo pobl yn drwm am godi tai neu ffermydd ar dir a arferai fod yn goedwig frenhinol.

CH Rhoi trwydded arbennig (am bris) i rywun gael bod yr unig fasnachwr i gynhyrchu neu werthu nwyddau neilltuol.

23

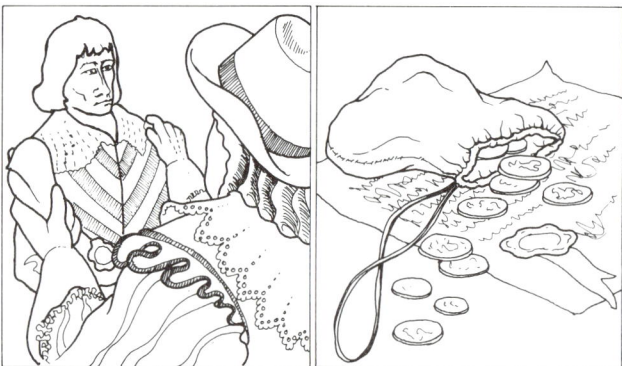

D Gorfodi tirfeddianwyr i gael eu hurddo'n farchogion, a thalu am y fraint!

1. Ceisiwch esbonio, â brawddeg am bob un, beth yn union sy'n digwydd ym mhob un o'r cartwnau.

2. A ydych chi o'r farn fod y pethau hyn yn ddulliau teg o ennill arian?

ACHOS JOHN HAMPDEN, 1637

Ceisiodd Siarl ymestyn y trethi llongau i gynnwys trefi mewndirol, a dywedodd y barnwr Cymreig Syr William Jones fod hynny'n gyfreithlon. Gwrthododd John Hampden, **DD** , o Buckingham, dalu, gan amau tegwch y peth. Ni châi'r brenin godi nac ymestyn treth heb ganiatâd y Senedd, meddai Hampden. Aeth yr achos i'r llys barn, ond gan fod y barnwyr yn llaw'r brenin dyfarnwyd yn erbyn Hampden. Roedd pobl gefnog ledled y wlad yn ddig iawn, ac ar ôl esiampl Hampden gwrthododd rhai trefi ac unigolion dalu'r dreth. Arferai Siarl gosbi ardaloedd ac unigolion a wrthodai dalu 'benthyciadau' a threthi iddo trwy osod milwyr i letya gyda hwy.

Yn yr ail ganrif ar bymtheg nid oedd byddin broffesiynol Cymru a Lloegr yn fawr, ac estroniaid wedi eu cyflogi dros dro oedd llawer o'r rheini oedd ynddi. Pan osodid milwyr i aros yn rhywle, roedd yn rhaid i'r bobl leol eu cynnal â'u harian eu hunain — rhoi bwyd, diod a llety iddynt. Yn aml roedd ymddygiad y milwyr yn wyllt ac afreolus; gwnaent ddifrod mawr i eiddo, a niwed i bobl hefyd. Aethai ias ddig trwy'r wlad pan ddechreuodd y biledu gorfodol, a bu'n gŵyn amlwg gan y Senedd. **E**

E A bu yn ddiweddar i luoedd mawr o filwyr a morwyr gael eu gwasgaru trwy nifer o siroedd y deyrnas, a chafodd y trigolion eu gorfodi'n groes i'w dymuniad i dderbyn y rhain i'w tai, a'u goddef i aros yno, yn groes i ddeddfau ac arferion y deyrnas hon, ac er poen a dicter mawr i'r bobl . .

(*Y Ddeiseb Hawliau* , 1628)

3. Sut y byddai Siarl I yn camddefnyddio'r arfer o **filedu** milwyr mewn cartrefi preifat?

DD Roedd John Hampden, (1594—1643) yn berthynas i Oliver Cromwell ac yn gymydog agos iddo. Bellach mae'r arbenigwyr yn amau dilysrwydd y portread hwn ac un arall a gedwir yn yr Oriel Bortreadau Genedlaethol yn Llundain. Nid oes, meddant, bortread dilys o John Hampden.

ARIAN LLONGAU YNG NGHYMRU

Talwyd y rhan fwyaf o arian llongau'r siroedd yng Nghymru a Lloegr o 1635 hyd 1639, a dim ond ym 1640 y bu'r cyfanswm yn brin iawn. £2,000 oedd y swm a hawliwyd yng Nghymru yn 1635, ond bu cynnydd i £10,500 ym 1636. Gorfu i'r swyddogion sirol ei gasglu ar ran y brenin, a chawsant gryn drafferth wrth y gwaith. Maint y swm a ddigiai'r siroedd yn bennaf, nid egwyddor y dreth. Ataliodd llu o foneddwyr Ceredigion eu taliadau ym 1638 a bu'n rhaid dwyn gorfodaeth arnynt. Protestiodd dau gyn-siryf yn sir Gaerfyrddin yn erbyn y dreth, ac yn sir Feirionnydd cafodd y siryf, Evan Evans o Danybwlch, gryn helbul. Dengys darlun **F** dderbyneb swyddogol y llywodraeth am arian llongau Sir Feirionnydd ym 1636: £416-2s. Dyma gŵyn Evan Evans ynglŷn â'r trafferthion a gawsai **FF** :

FF At y Cyfrin Gyngor,

Gwysiwyd fi, fel siryf, ar Awst 4 y llynedd, i asesu £416-2s o arian llongau. Wedi asesu'r swm ar ffurf treth, penodais nifer o gasglyddion, ac o blith y rhain casglodd John Lloyd, Thomas Salusbury a Thomas Jones eu symiau penodedig ond gwrthodant eu talu'n llawn; hefyd mae Robert Simon Owen, John ap William, John Hugh Jones a William Pugh wedi esgeuluso casglu'r symiau a bennwyd gan y warant; a methodd Griffith Rowland â thalu'r swm i'w gasglu am i Griffith Lloyd, Ustus Heddwch, roi gwarant droseddol yn erbyn Rowland am gipio eiddo amryw o bobl a fuasai'n

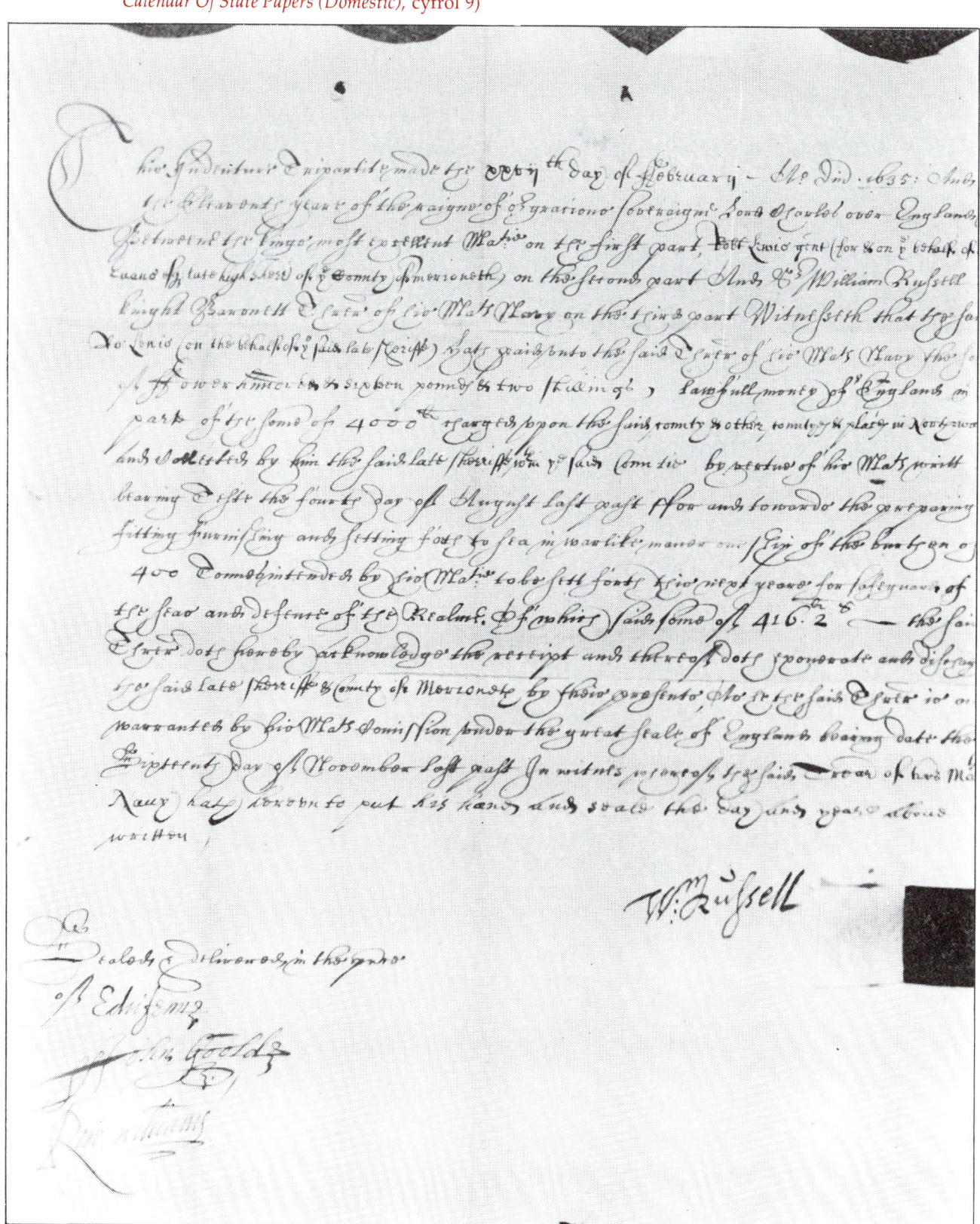

F

CYNGHORWR Y BRENIN — THOMAS WENTWORTH, IARLL STRAFFORD

Cafodd Thomas Wentworth ei eni a'i fagu yn swydd Efrog, yn fab i sgweier cefnog, ym 1593. Enillodd fri yn lleol am y modd trefnus y rheolai ei ystad, ac am ei waith fel ustus lleol. Priododd â merch i un o arglwyddi'r deyrnas, a daeth yn Aelod Seneddol amlwg. Cafodd ei garcharu ym 1626 am wrthwynebu un o'r 'benthyciadau gorfodol' y bu Siarl I yn eu hawlio oddi wrth y bobl.

Er hynny, ym 1629 daeth Wentworth yn aelod o Gyngor y brenin ar ôl i Siarl gau'r Senedd. Gwnaed ef yn llywydd Cyngor Gogledd Lloegr ac yna yn rhaglaw dros y brenin yn Iwerddon. Dyrchafwyd ef yn Iarll Strafford ym 1639. Roedd aelodau'r Senedd yn casáu Strafford am ei fod wedi eu bradychu yn eu tyb hwy, trwy droi i gefnogi'r brenin ar ôl blynyddoedd o'i wrthwynebu. Dyma'r rheswm a roes Strafford dros gefnogi'r brenin: G

G Awdurdod y brenin yw'r **maen clo** sy'n cwblhau bwa trefn a llywodraeth dda. Mae gan bob darn ei le yn y bwa cyfan. Unwaith y caiff ei siglo neu ei wanhau, fe gwympa'r fframwaith cyfan yn bentwr anniben.

(Iarll Strafford)

Un o'r pethau mwyaf atgas gan y Seneddwyr oedd y modd y rheolai Strafford ogledd Lloegr, ac Iwerddon wedyn, â byddin, gan wasgu'n llym ar bob gwrthwynebiad. Meddai'r hanesydd C. V. Wedgwood amdano: NG

NG Gŵr tal, main, grymus o swydd Efrog oedd Wentworth, a'i dymer ddrwg yn ddihareb a heb unrhyw swyn personol. Roedd ei arddull unbenaethol, a adlewyrchai ei hunan-bwysigrwydd, fel arfer yn ennyn atgasedd, ac wrth wneud sioe o'r cyfoeth a enillasai yn ystod ei yrfa fe enynnai eiddigedd.

(C. V. Wedgwood, *The King's Peace, 1637–41*)

Dyma dystiolaeth un a oedd yn ei adnabod: I

H Iarll Strafford.

I Roedd yn gymwys i reoli ymhob ffordd. Roedd ei ddawn naturiol yn gryf iawn, a'i ddealltwriaeth yn gwneud iddo weld hanfod unrhyw fusnes yn gyflym . . . Roedd ganddo gof da. Rhan o'i ddawn oedd ei allu i ateb neu draethu ynglŷn ag unrhyw bwnc yn rhwydd.

Gwisgid hyn oll ag ymddygiad sur a ffroenuchel. Disgwyliai i bawb roi mwy o barch iddo ef nag y mynnai ef ei roddi i eraill, hyd yn oed o'i ddosbarth ei hun . . .

(Syr Philip Warwick, 1675)

4. Pa bethau da sydd gan awdur dyfyniad I i'w dweud am Iarll Strafford, a pha bethau oedd yn debyg o wneud i bobl ei gasáu?

5. Pam y peidiodd Strafford â chefnogi cwynion y Senedd, a dod yn swyddog i'r brenin?

A Yr Alban a Gogledd Lloegr.

Roedd ar Siarl I eisiau gwneud ei deyrnas yn yr Alban mor debyg i Gymru a Lloegr ag yr oedd modd. Cafodd ei goroni yno ym 1633, ei ymweliad cyntaf oddi ar ei ymadawiad yn 4 oed.

Yn yr Alban roedd newidiadau crefyddol mawr wedi digwydd er 1560. Gadawsai'r Albanwyr Eglwys Rufain a sefydlu dull Protestannaidd o addoli. Ond aeth Protestaniaeth yr Alban ymhellach nag eiddo Cymru a Lloegr. Roedd aelodau'r 'Kirk' (Eglwys yr Alban) yn gwrthwynebu cael esgobion. Câi eglwys ei rheoli gan bwyllgor, neu **Bresbyter** wedi ei ethol o blith yr aelodau. Un o'r pethau a wnaeth y Brenin Iago oedd gorfodi'r Albanwyr i dderbyn esgobion yn nannedd pob gwrthwynebiad. Dymunai Siarl orfodi'r Albanwyr i gael Llyfr Gweddi hefyd, yn rhestru trefn pob gwasanaeth, yn lle cyrddau gweddi a phregethu Presbyteraidd, agored.

Ym 1637 lluniwyd Llyfr Gweddi ar gyfer yr Albanwyr, ond fe'i lluniwyd gan Laud, ac roedd yn llawn o syniadau uchel-eglwysig hwnnw. Bu gwrthwynebiad chwyrn yn yr Alban. Yng Ngorffennaf 1637 bu terfysg yn Eglwys St Giles, yng Nghaeredin, pan geisiodd esgob St Andrews ddarllen y Llyfr Gweddi **C** . Lluchiodd merch o'r enw Jenny Geddes stôl bren at yr esgob, ac yn fuan wedyn bu'n rhaid i'r holl esgobion adael Caeredin gyda thorf wyllt yn eu herlid. Anfonwyd y gŵyn hon gan yr Albanwyr at Siarl: **B**

B Cafodd y Llyfr Gweddi Gyffredin newydd hwn ei gyflwyno a'i orfodi arnom mewn modd cwbl ddieithr i'r Kirk, ac y mae'n cynnwys pwyntiau pwysig sy'n groes . . . i'r grefydd a'r dull addoli a gafodd ei sefydlu a'i arfer yn gyffredinol er lles mawr i bawb o bobl Dduw, deiliaid ei Fawrhydi . . .

(Cwyn Gweinidogion ac Uchelwyr yr Alban, 1637)

C

1. I ba garfan yn Eglwys Loegr, yn ôl y tabl ar dudalen 18, roedd y Presbyteriaid yn yr Alban yn ymdebygu?

Mae llun **CH** ar dudalen 28 yn dangos eglwys St Giles, yng Nghaeredin, lle bu terfysg 1637. Yno hefyd y bu'r digwyddiad cyffrous nesaf yn yr Alban. I'r eglwys hon ym 1638 y daeth tyrfa fawr o Bresbyteriaid i drafod dogfen bwysig — y *Cyfamod Cenedlaethol* . Yn y **Cyfamod** hwn addunedai'r Presbyteriaid i wrthsefyll arferion 'Pabyddol'. I'r Presbyteriaid, ychydig iawn o wahaniaeth oedd rhwng Pabyddiaeth a syniadau Laud.

Ar Ddydd Gŵyl Ddewi 1638 arwyddwyd y *Cyfamod Cenedlaethol* yn Eglwys St Giles. Mae llun **DD** ar dudalen 28 yn rhoi darlun dychmygol o'r olygfa. Dyma'r geiriau grymus a gloai'r cyfamod: **D**

27

CH

D Trwy adnabod a bod yn gydwybodol ynglŷn â'n dyletswydd i Dduw . . . rydym yn addo ac yn tyngu ar enw mawr yr Arglwydd ein Duw, i barhau i broffesu ac ufuddhau i'n crefydd . . . ac y byddwn yn amddiffyn honno ac yn gwrthsefyll pob gwall a llygriad croes . . . hyd eithaf y gallu a rydd Duw i'n dwylo, oll ddyddiau ein bywyd.

(*Y Cyfamod Cenedlaethol* , 1638)

Ceisiodd Siarl gasglu byddin i oresgyn yr Alban, ac anfonodd orchmynion i'r siroedd i fwstro milwyr yn lleol ar ei gyfer. Ond roedd llawer o'r sgweieriaid yn anfodlon i gefnogi'r fath gyrch, gan fod eu cydymdeimlad gyda Phresbyteriaid yr Alban. Yn y diwedd, byddin fechan, heb arweiniad cryf na disgyblaeth, a gasglwyd gan Siarl. Roedd yr arian a gasglwyd trwy'r tridegau yn annigonol ar gyfer rhyfel go iawn. Digiwyd y siroedd pan gododd Siarl dreth ychwanegol i gynnal ei filwyr. Defnyddiodd swyddogion sir Ddinbych yr arian a gasglwyd at y dreth longau i dalu'r dreth filwyr, yn hytrach na mynd ar ofyn eu cymdogion eilwaith yn yr un flwyddyn. Yn y cyfamser, roedd yr Albanwyr wedi gofyn i filwr profiadol o'r enw Alexander Leslie drefnu byddin ar eu cyfer. Buasai Leslie yn ymladd tros y Protestaniaid yn y rhyfel hir yn Ewrop, ac roedd yn gadfridog da. Roedd ganddo lu o swyddogion profiadol o'r rhyfel hwnnw yn ei fyddin hefyd. Yng ngwanwyn 1639 cychwynnodd

DD

byddin Leslie i gyfeiriad Lloegr. Gwrthryfelodd byddin afreolus Siarl ger Caerefrog, gan greu difrod mawr yn y cyffiniau. Yn y diwedd, gwelodd Siarl nad oedd modd atal yr Albanwyr fel hyn a gwnaeth gytundeb â Leslie. Cytunodd i'r Albanwyr gael addoli yn ôl eu hen arfer, ac arwyddwyd y cytundeb yn nhref Berwick-upon-Tweed ar 17 Mehefin 1639. Yna, aeth y ddwy fyddin adref.

Ar ôl dychwelyd i Lundain, torrodd Siarl y cytundeb. Mynnodd drachefn orfodi'r Llyfr Gweddi ar yr Alban, a galwodd y Senedd am y tro cyntaf er 1629. Disgwyliai i'r Senedd dalu am gynnal byddin iawn i ymladd â'r Cyfamodwyr. Syniad Strafford oedd hyn, ond pan gyfarfu'r Senedd yn Ebrill 1640 roeddynt yn mynnu cyfyngu ar bŵer Siarl eto, ac anfonwyd hwy adref. Unwaith eto bu'n rhaid i Siarl anfon byddin wael yn erbyn Leslie, ac ar ôl ychydig o frwydro yng ngogledd Lloegr bu'n rhaid i Siarl geisio heddwch . Yn ôl cadoediad Ripon, yn Awst 1640, roedd yn rhaid i Siarl dalu am gynnal y fyddin Albanaidd ar dir Lloegr, hyd nes y ceid terfyn ar helynt y Llyfr Gweddi.

2. Pam roedd yr Albanwyr yn arbennig o ddig, ac yn ddrwgdybus o Siarl I erbyn 1640?

8. NESÁU AT RYFEL, 1640-2

SENEDD 1640

A

Mae darlun A yn dangos rhan o Blas San Steffan, yn Llundain, oddeutu 1640. Yma y byddai aelodau'r Senedd yn cyfarfod, ac ym mis Tachwedd 1640 galwodd Siarl I yr ail Senedd o fewn hanner blwyddyn. Fe welwch nifer o bobl yn ymgasglu oddi allan.

1.   Beth fedrwch chi ei ddweud am y bobl hyn wrth edrych ar lun A ?

2.   A yw'r argraff a gewch chi yn cytuno â'r hyn a ddysgasoch am y Seneddwyr ym Mhennod 3?

Darllenwch stori B . Mae'n ddisgrifiad dychmygol o'r hyn oedd ym meddwl Aelod Seneddol ifanc o sir Gaernarfon wrth iddo deithio i Lundain ar gyfer Senedd mis Tachwedd 1640. Hon oedd y Senedd olaf cyn y Rhyfel Cartref. Digwyddiadau'r ddwy flynedd nesaf, 1640-2, a arweiniodd at ryfel. Roedd yr Aelod Seneddol hwn yn rhan fechan o'r helynt, ynghyd â'i deulu a'i gymdogion.

B Diwrnod oer a glawog oedd hi, a'r ffordd yn fôr o laid wrth i John Griffith farchogaeth tua Llundain. Swatiai'n isel ar gefn ei geffyl. Daliai ei ben i lawr er mwyn i gantel ei het lydan a'i glogyn cynnes arbed ei wyneb rhag yr oerwynt main. Eto, nid oedd John yn awyddus iawn i weld pen y daith, er cynddrwg y ddrycin.

Cawsai etholiad ar gyfer y Senedd ei chynnal rai wythnosau ynghynt. Roedd yr aelodau eisoes wedi dechrau ar eu gwaith yn Llundain, ac roedd pwyllgorau'n cwrdd ddydd a nos. Roedd y Seneddwyr â'u bryd ar gosbi Iarll Strafford a'r Archesgob Laud, ac ar rwymo dwylo'r brenin. Brathai John Griffith ei wefus

C Teithwyr yn aros ger tafarn min-ffordd.

wrth feddwl am y peth. Roedd ef a'i dad — John Griffith, Cefnamwlch — wedi cefnogi'r brenin a'r llys yn gyson. Buasai ei dad yn Aelod Seneddol sir Gaernarfon am flynyddoedd ar ôl etholiad mawr 1620. Bellach, roedd yr hen ŵr yn Aelod Seneddol Biwmares, ym Môn. Ef ei hunan, y John Griffith ieuanc, oedd yn cynrychioli sir Gaernarfon bellach. Roedd William Thomas o Goed Alun, Caernarfon, hen gyfaill Wynniaid Gwydir, yn aelod dros y fwrdeistref.

Y drwg, myfyriai John, oedd na chawsai etholiad newydd ei chynnal yn sir Gaernarfon ar ôl i'r Senedd fer yng ngwanwyn 1640 gael ei chau. Dyna pryd y cawsai ef ei ethol. Ystryw gan ei berthynas, y siryf, a'i gwnaeth yn rhy hwyr i gynnal etholiad newydd yno ar gyfer Senedd mis Tachwedd. Gwyddai John fod ei dad wedi bod yn dadlau'i achos yn y Senedd eisoes — yn ceisio sicrhau y byddai'r amodau yn ffafriol petai'n rhaid cynnal etholiad newydd yn sir Gaernarfon.

CH Gŵr bonheddig o'r ail ganrif ar bymtheg ar ei aelwyd.

Ddim ymhell eto. Medrai John ddisgwyl croeso cynnes yn Llundain, lle roedd ei ewythr yn fasnachwr brethyn llewyrchus.

A beth am y dadleuon mawr i ddod? Roedd sôn am roi Iarll Strafford ar brawf am gynnal breichiau'r brenin. Myn Duw, byddai teulu Cefnamwlch yn gwrthsefyll hynny. Felly y gwnâi Syr Richard Wynn, Gwydir, hefyd, yn ôl y sôn. Aelod Seneddol Lerpwl oedd hwnnw bellach. Roedd brawd iddo, Harri Wynn, Aelod Seneddol Meirionnydd, wedi bod yn rhoi benthyg arian i'r brenin adeg helynt yr Alban. Roeddynt i gyd o blaid y brenin a'r Eglwys. Mae'n debyg fod William Thomas,

Coed Alun, o blaid yr Eglwys a'r esgobion hefyd, ond roedd o'n barod i weld Strafford yn cael ei gosbi, meddent hwy.

Dyna un peth sicr — nid hwyl a sbri fyddai gwaith y Senedd yn ystod y misoedd nesaf. Châi John ddim cyfle i giniawa a diota yn nhafarnau Caer efo'i ffrindiau am hir eto. Roedd torfeydd afreolus yn creu cynnwrf ac yn bygwth pobl yn Llundain. Clywsai ei dad sibrydion fod y Senedd yn bwriadu cyhoeddi enwau pawb o'r aelodau a gefnogai Strafford, a byddai perygl i'r dorf ymosod arnynt. Dyna un o gynlluniau'r hen Pym, mae'n debyg. Gwgodd John yn llym trwy'r glaw. Hwnnw a'i fath sy'n creu'r holl gyffro yma, meddai wrtho'i hun. A beth am John Bodfel! Un o sgweieriaid Llŷn, myn coblyn, yn Biwritan rhonc ac yn cefnogi'r Albanwyr felltith! Dyna newidiadau a welsai yn yr ugain mlynedd ers pan oedd ef yn blentyn!

'Wel,' gwelai John amlinell lwyd tai ac eglwysi trwy niwl y pellter, 'fe gawn ni weld sut y bydd pethau.'

3. Yn ôl y dystiolaeth ddychmygol hon, a seiliwyd ar waith ymchwil yr Athro A. H. Dodd yn bennaf, â pha ochr, yn eich barn chi, roedd mwyafrif sgweieriaid sir Gaernarfon yn cydymdeimlo?

TYNGED STRAFFORD

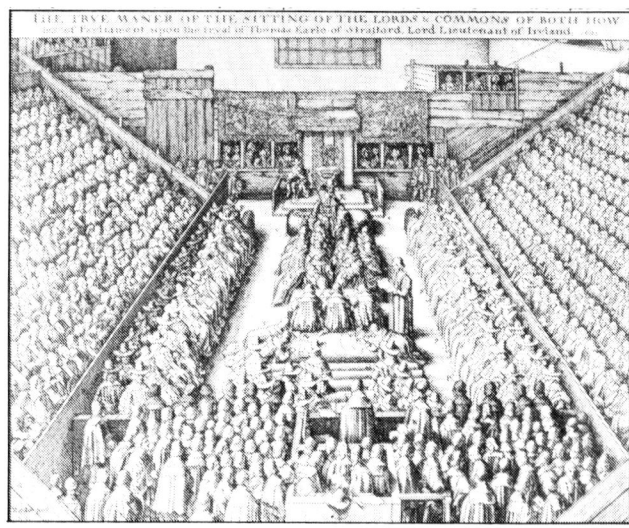

D Prawf Iarll Strafford yn Neuadd San Steffan ym 1641.

Gwnaeth Senedd 1640 newidiadau ysgubol yn ystod y misoedd cyntaf. Pasiwyd deddfau yn gorfodi'r brenin i alw'r Senedd yn rheolaidd, i'w atal rhag cau'r Senedd heb i'r aelodau gydsynio, ac yn dileu rhai o'r llysoedd y bu'r brenin yn eu defnyddio wrth reoli heb Senedd.

Ond digwyddiadau mwyaf dramatig gaeaf 1640 oedd yr erlid ar gynghorwyr Siarl. Cafodd yr Archesgob Laud ei garcharu yn Nhŵr Llundain, a rhyddhawyd ei hen elyn John Williams. Cyn hir roedd John Williams yn gynghorydd blaenllaw i Siarl eto, a daeth yn Archesgob Caerefrog ym 1641.

Roedd Siarl wedi erfyn ar Strafford i aros yn Llundain i'w helpu i drin y Seneddwyr. Camgymeriad oedd hyn: Strafford oedd cocyn hitio mwyaf amlwg y Seneddwyr. Carcharwyd ef tra penderfynai'r aelodau pa ffordd i'w gosbi.

Cafodd Strafford ei gyhuddo o droseddau difrifol a'i roi ar brawf gerbron Tŷ'r Arglwyddi. Dyma'r cyhuddiadau yn ei erbyn: DD

DD Codi byddin o Babyddion Gwyddelig i ddymchwel a dinistrio Lloegr a deiliaid ei Fawrhydi; a newid a thanseilio cyfreithiau sefydledig a llywodraeth y deyrnas hon.

Ond gwelai ambell un fod y dystiolaeth yn erbyn Strafford yn wan iawn: E

E Heb os, byddant yn siwr o'i gael yn ddieuog, gan nad oes un gyfraith a'i gwna yn fradwr. Felly mae'r Cyffredin yn benderfynol o fwrw ymlaen heb farn yr Arglwyddi a dwyn Deddf Collfarnu yn ei erbyn. Yn y modd hwn gellir ei ddedfrydu i farwolaeth am frad a gaiff ei enwi rywdro eto.

(Syr John Coke)

John Pym, arweinydd y Seneddwyr a wrthwynebai'r brenin, a gafodd hyd i'r dystiolaeth gryfaf yn erbyn Strafford: nodyn gan swyddog brenhinol o'r geiriau hyn o eiddo Strafford: F

F Ewch rhagoch yn rymus i ryfel. Fe ddeil Lloegr yn dawel. Mae gennych fyddin yn Iwerddon y gallwch ei defnyddio i ddarostwng y deyrnas hon.

(Iarll Strafford)

Hawliai Strafford mai'r Alban oedd y 'deyrnas hon' yn y dyfyniad: am y rhyfel yn yr Alban roedd y sgwrs a nodwyd gan y swyddog, Syr Henry Vane. Ond tystiodd mab Vane mai cyfeirio at Loegr, a defnyddio'r fyddin Wyddelig i ddarostwng Cymru a Lloegr, a wnaethai Strafford. Dewisodd yr Arglwyddi gredu Strafford, ac ofnai Pym y câi'r iarll ei ryddhau.

Fel yr ofnai Syr John Coke, cafodd y prawf ei atal. Yn lle'r prawf dyma'r Senedd yn pasio deddf yn dweud bod Strafford yn fradwr, tystiolaeth neu beidio, ac yn ei ddedfrydu i farwolaeth. Roedd Siarl I wedi addo i'r iarll na châi 'oddef colled o ran bywyd, anrhydedd na ffortiwn . . . ar air brenin' ond ar ôl i'r Senedd gollfarnu'r iarll, roedd pethau'n wahanol. Roedd torfeydd afreolus a checrus yn bloeddio, yn bygwth ac yn gwthio oddi allan i Lys Whitehall. Roedd Pym a'r Seneddwyr mwyaf eithafol yn porthi dicter y dorf, yn

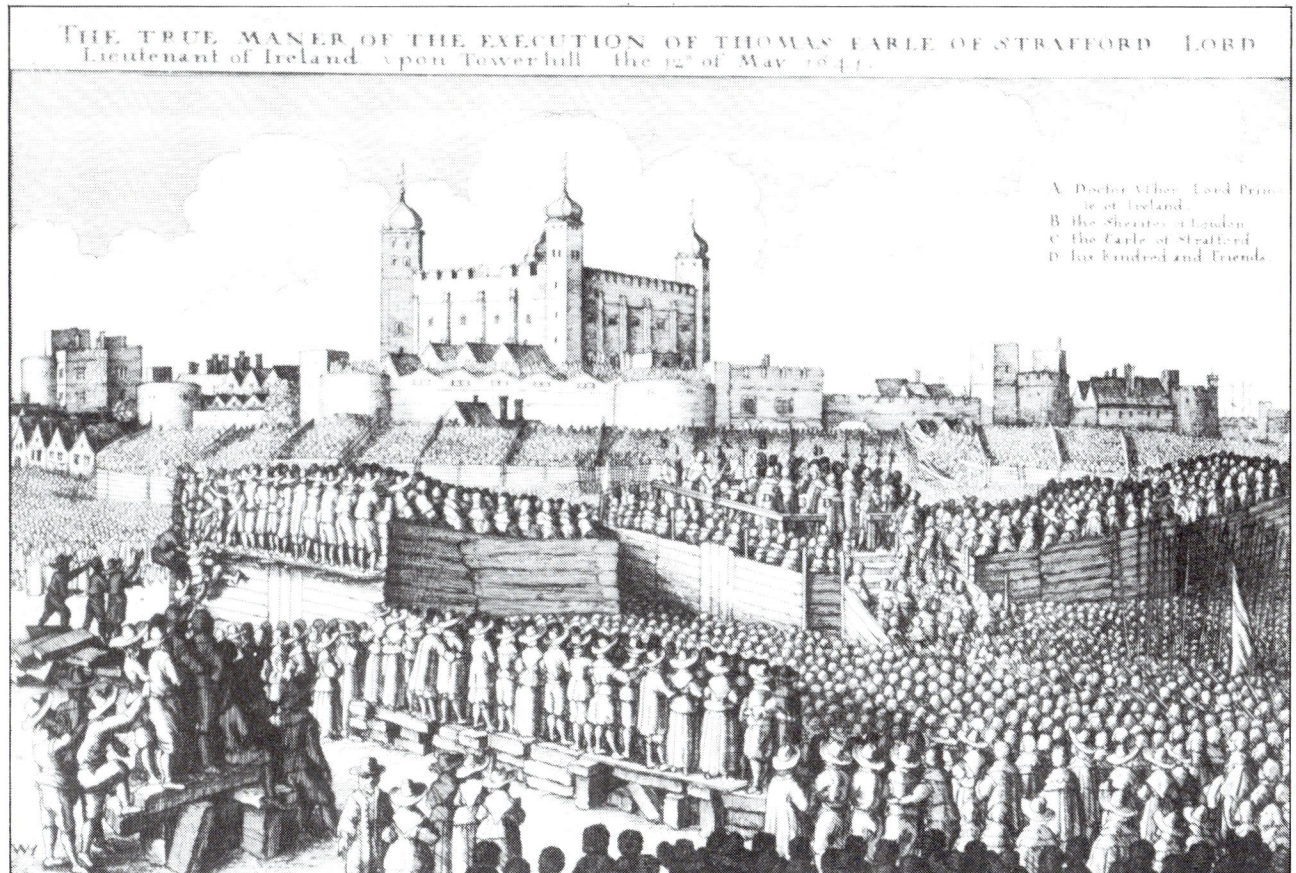

NG

corddi drwgdeimlad yn erbyn Strafford ac yn erbyn y frenhines o Babyddes.

Yn y cyfamser, ysgrifennodd Strafford y llythyr hwn at ei ferch, a oedd yn 13 oed: **FF**

FF F'anwylaf Nan, Astudia dy lyfrau a phob dysg arall a fydd o werth iti yn y dyfodol. Fe gei weld y cawn fyw yn hapus a bodlon, a byw i weld y stormydd hyn i gyd wedi cilio . . .

(Iarll Strafford)

Ond roedd perygl gwirioneddol i'r frenhines a phlant Siarl erbyn diwedd Ebrill 1641. Roeddynt oll yn gaeth i'r palas yn Whitehall. Oherwydd pryder am ddiogelwch ei deulu, ac wedi cael cyngor John Williams y byddai'r peth er lles y wlad, cytunodd Siarl i Strafford gael ei ddienyddio. Roedd yn rhaid i Siarl arwyddo'r warant i'r weithred fod yn gyfreithlon. Anfonodd Strafford lythyr i Siarl yn ei ryddhau o'i addewid iddo: **G**

G . . . I ryddhau cydwybod Eich Mawrhydi, rwy'n erfyn yn wylaidd ar Eich Mawrhydi i basio'r ddeddf hon (er atal y drygau a fyddai'n digwydd pe byddech yn gwrthod). . .

(Iarll Strafford, 4 Mai 1641)

Arwyddodd y brenin y **Ddeddf Collfarnu** ar Fai 10, ac ar Fai 12 cafodd Strafford ei ddienyddio ger Tŵr Llundain, gyda thyrfa o oddeutu 200,000 yn gwylio. **NG** (ar dudalen 31) Ni fedrai Siarl fyth faddau iddo'i hun wedyn am adael i Strafford farw. Lawer gwaith y dywedodd mai cosb am y drosedd honno oedd yr holl helyntion a ddaeth i'w ran yn y blynyddoedd dilynol.

4. A gafodd Strafford ei ddienyddio am iddo gael ei brofi'n euog o frad gan lys barn?

5. Edrychwch ar lun **NG** . Beth sydd ynddo i ddangos bod dienyddiad Strafford yn cael ei gyfrif yn ddigwyddiad o bwys mawr?

6. Beth oedd y 'drygau' mawr yr ofnai Strafford, ac efallai John Williams hefyd, pe gwrthodai Siarl gytuno â'r dienyddiad?

Y PUM AELOD, 1642

Ar ôl marw Strafford dechreuodd llanw teimladau'r bobl droi tuag at Siarl. Roedd wedi ildio llawer i'r Senedd ac roedd wedi colli ei gynghorwyr mwyaf ffyddlon. Byddai erlid mwy arno yn beth gwael, yn nhyb llawer o Seneddwyr. Roedd y ffrae ynglŷn â'r esgobion hefyd wedi troi llawer o Seneddwyr cymedrol at safbwynt Siarl.

Roeddynt yn gweld bod corwynt y newidiadau yn chwythu'n rhy gyflym ac yn rhy bell. Yr unig angor

H John Pym (1584–1643). Cymaint oedd grym ei arweiniad o 1640 hyd 1643, fe'i gelwid yn 'King Pym'.

ddiogel i gadw'r wlad rhag chwalu ar greigiau anhrefn oedd y brenin. Rhag ofn i'r cyhoedd deimlo eu bod yn rhy lawdrwm ar Siarl, cyhoeddodd y Senedd restr faith o enghreifftiau o gamreoli gan y brenin, ac esboniwyd ynddi sut y bu i'r Senedd gywiro'r beiau. Yn y ddogfen hon, *Y Gwrthdystiad Mawr*, roeddynt hefyd yn mynnu'r hawl i benodi swyddogion y llywodraeth yn lle'r brenin: **I** , **L**

I Rydym wedi dioddef cymaint o dan gynghorwyr o ddewis y brenin, fel y dymunwn iddo ymgynghori â ni ynglŷn â'r mater. Y mae amryw o'i weision yn ei gymell yn eu cylch, pam felly na chaiff y Senedd [wneud yr un modd]?

(John Pym, 1641)

L 120. Yr hyn sy'n fwy llesol na'r un o'r rhain yw i wreiddyn y drwg gael ei gipio ymaith, sef y pŵer gormesol y camsyniai rhai ei fod yn perthyn i'w Fawrhydi i drethu'r bobl, neu roi cost ar eu hystadau heb ganiatâd y Senedd, yr hyn a gyhoeddwyd bellach i fod yn groes i'r gyfraith trwy ddyfarniad y ddau Dŷ a'r un modd gan ddeddf seneddol . . .

139. Sefydlu a threfnu incwm y brenin fel y gellir dileu y cam-drin gan swyddogion a'r costau gormodol, ac y gellir darparu'n well ar gyfer taliadau . . . Ei Fawrhydi, amddiffyn a llywodraeth y deyrnas . . .

(*Y Gwrthdystiad Mawr* , Tachwedd 1641)

7. Beth roedd Seneddwyr 1641 yn ei farnu'n waeth na dim yn ymddygiad y brenin?

8. Beth yw'r argraff mae'r Seneddwyr yn ceisio'i roi ynglŷn â'u perthynas â'r brenin yn nyfyniad L ?

Ond buan y trodd y llanw eto pan fu gwrthryfel Pabyddol yn Iwerddon ym mis Hydref 1641. Roedd hyn yn brawf o gynllwyn Strafford gynt, yn nhyb rhai. Bu ofn mawr ledled Cymru rhag i'r Gwyddelod oresgyn y wlad. Yn Ionawr 1642 aeth pethau i'r pen. Ceisiodd y brenin restio pump o aelodau Tŷ'r Cyffredin ac un arglwydd. Aeth Siarl i lawr i'r Senedd gyda charfan o'i **warchodlu** personol. Llamodd i mewn i siambr Tŷ'r Cyffredin i gyrchu pum Seneddwr blaenllaw LL . Cawsai rywrai yn y Senedd glywed am fwriad Siarl ymlaen llaw, a llwyddodd yr aelodau i groesi afon Tafwys i ddiogelwch dinas Llundain. Roedd cyngor y ddinas ei hunan yn ffafrio'r Senedd ac nid oedd hawl gan y brenin a'i filwyr i gyrchu neb oddi yno. Ar ôl hyn collodd y Senedd bob ffydd yn y brenin, ac yr oedd yntau'n sicr nad oedd modd siarad mwy â hwythau. Aeth y brenin a'i deulu o Lundain, a thrwy'r haf bu paratoadau mawr ar droed ledled y wlad. Roedd arglwyddi a sgweieriaid yn casglu milwyr ac yn eu hyfforddi, yn casglu meirch, arfau a **chyflegrau** ar gyfer rhyfel — rhai dros y brenin a rhai dros y Senedd.

LL

Dyma ddarlun o'r gorchymyn a roddodd Siarl i'w swyddogion wrth fynd i geisio restio'r Aelodau Seneddol M .

M

9. Beth yw ystyr yr ail bwynt, sef 'You are to reserve the power of making additionally' [restio mwy o aelodau]? Pam roedd hwnnw'n debyg o greu mwy o fraw a dicter yn y Senedd?

Ymhen wyth mis roedd Cymru a Lloegr wedi eu rhwygo gan ryfel cartref — rhyfel a fyddai'n peri galar a loes i filoedd o deuluoedd. Fe drechwyd byddin y brenin gan y Senedd, dienyddiwyd Siarl ym 1649, ac am rai blynyddoedd bu llywodraeth filwrol dros y deyrnas, dan arweiniad y cadfridog grymus Oliver Cromwell. Fe geir hanes y digwyddiadau hyn i gyd yn y ddau lyfr *Y Rhyfel Cartref* a *Cromwell* .

Ysgrifennwyd y penillion hyn gan y bardd Cymraeg o Biwritan, Morgan Llwyd, ym 1643: N

N

Mae rhyfedd newidiad dros wyneb yr hollwlad.
Ple ceir dim gwir gariad mewn undyn?
Y byd a dywyllodd, y ddaear a grynodd,
A'r nefoedd a dduodd i'n herbyn.

Yn lle yr hir heddwch, yn lle'r hen ddiddanwch,
Yn lle'r holl lonyddwch a gawsom,
Y drwm sydd yn taro a'r utgorn yn seinio
A'r rhyfel yn rhuthro'n wyllt arnom.

(Morgan Llwyd)

9. DIWEDDGLO

'A dyna sut yr aeth hi'n rhyfel cartref rhwng Siarl I a'r Senedd?' meddai Rhodri, heb ddisgwyl ateb.

'Ie,' meddai ei fam, 'a'r diwedd fu i Siarl gael torri ei ben i ffwrdd — y tu allan i'w neuadd wledda ei hun ger y fan hon.'

Roeddynt yn sefyll yn Whitehall erbyn hyn, stryd urddasol a choed o boptu iddi. Saif adeiladau'r llywodraeth a'r lluoedd arfog ar ei hyd, ac yn y pellter gwelent y gofeb ryfel a San Steffan.

'Draw ffordd 'cw mae'r neuadd wledda,' meddai'r tad, 'yng ngolwg y cerflun. A Inigo Jones a'i cynlluniodd i'r brenin.'

'Ar 30 Ionawr 1649 y cafodd Siarl ei ddienyddio,' ychwanegodd Mam, 'ac ar y diwrnod hwnnw bob blwyddyn bydd gwasanaeth coffa yn cael ei gynnal yma, o flaen y cerflun.'

'Pam hynny?' gofynnodd Mair. 'Wedi'r holl amser.'

'Wel, bydd rhai'n dod yno am eu bod yn credu mai Siarl oedd yn iawn i wrthdaro â'r Senedd. Bydd rhai eraill yn dod i goffáu gŵr y tybient iddo fod yn dda yn ei fywyd bob dydd, ac eraill am eu bod yn credu nad oedd gan neb yr hawl i ladd brenin, waeth sut frenin oedd o.'

Edrychodd Mair a Rhodri ar y cerflun, ac yna troesant i edrych trwy brysurdeb a dwndwr Whitehall, tuag at y neuadd wledda draw. Prin fod y bobl a'r ceir yn bod ar y funud honno — dim ond hwy eu hunain, y ffordd lydan a'r hen neuadd ar fore oer o Ionawr ym 1649.

1. Dychmygwch eich bod yn ohebydd teledu, ar drothwy'r Rhyfel Cartref, yn ceisio olrhain cefndir yr helynt i'ch gwylwyr. Ysgrifennwch sgript ar gyfer sgwrs o'r fath, gan nodi detholiad o'r lluniau pwysicaf, o'r llyfr hwn, y byddai arnoch eisiau eu dangos ar y sgrîn yn ystod y sgwrs.

A Cerflun Siarl I yn Whitehall.

2. Ceisiwch ddarganfod pwy yw'r Aelod Seneddol dros yr etholaeth lle rydych chi'n byw, a pha sawl ymgeisydd arall fu'n cystadlu yn ei erbyn yn yr etholiad diwethaf.

10. GEIRFA

Archddiacon — offeiriad pwysig yn yr Eglwys, un gris yn is nag esgob.

Biledu — lletya milwyr yng nghartrefi pobl: cafodd hyn ei wneud dan orfodaeth yn yr ail ganrif ar bymtheg.

Cantref/Cwmwd — hen raniadau gwlad yng Nghymru: cadwyd rhai yn is-raniadau o fewn y siroedd ar ôl 1543.

Cyfamod — cytundeb yn rhwymo nifer o bobl i wneud rhywbeth.

Cyflegrau — arfau, powdwr gwn a phob math o ddefnyddiau ar gyfer rhyfel.

Deddf Collfarnu — deddf yn dweud bod rhywun yn euog o drosedd heb iddo gael ei brofi'n euog gan lys barn.

Diplomat — swyddog sy'n cynrychioli ei wlad ei hun mewn gwlad arall.

Gwarchodlu — milwyr yn gofalu am ddiogelwch personol y brenin.

Gwrthdystiad — gweithred neu ddogfen yn protestio yn erbyn rhywbeth.

Llawysgrifau — unrhyw ddogfennau wedi eu hysgrifennu â llaw. Cyn y bymthegfed ganrif câi pob llyfr ei ysgrifennu a'i gopïo felly.

Llinach — yr hen deulu y mae person yn hanu ohono.

Maen clo — y maen canol mewn bwa o gerrig: hwnnw sy'n dal y fframwaith yn gyfan, fel yn narlun A .

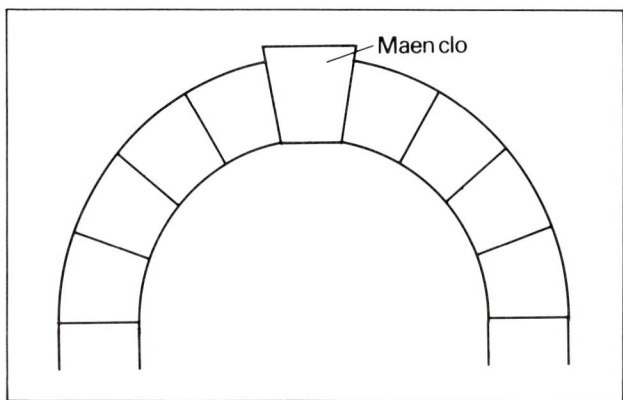

Mwstwr — casglu milwyr ymhob sir trwy gael pob sgweier i ddod â'i weision a'i denantiaid ynghyd i gyrchfan arbennig.

Presbyter — pwyllgor o bobl yn rheoli eglwys neu gapel.

Rhydd-ddeiliaid — pobl sydd biau eu tiroedd a'u tai eu hunain.

Sect — grŵp o bobl yn arddel syniadau crefyddol gwahanol i eraill.

British Library Cataloguing in Publication Data

Morris, Robert M.
  Siarl I a'i fyd. — (Hanes)
  1. Great Britian — History — Charles I, 1625-1649
  I. Title   II. Project Defnyddiau ac
  Adnoddau y Swyddfa Gymreig
  III. Series
  942.06′2   DA395

ISBN 0-7083-0952-6

Cysodwyd gan Afal, Caerdydd
Dyluniwyd ac argraffwyd gan Graham Harcourt
(Argraffwyr) Cyf., Abertawe